国家社科基金一般项目"新常态下新型职业农民培育机制与政策研究"(项目编号:15BJY092)结项成果

经济新常态下
新型职业农民培育研究

徐 辉 著

Jingji Xinchangtaixia
Xinxing Zhiye
Nongmin Peiyu Yanjiu

中国社会科学出版社

图书在版编目(CIP)数据

经济新常态下新型职业农民培育研究/徐辉著.—北京：中国社会科学出版社，2020.12
ISBN 978-7-5203-6886-5

Ⅰ.①经… Ⅱ.①徐… Ⅲ.①农民教育—职业教育—研究—中国 Ⅳ.①G725

中国版本图书馆 CIP 数据核字(2020)第 134161 号

出 版 人	赵剑英
责任编辑	王　曦
责任校对	孙洪波
责任印制	戴　宽

出　　版	中国社会科学出版社
社　　址	北京鼓楼西大街甲 158 号
邮　　编	100720
网　　址	http://www.csspw.cn
发 行 部	010-84083685
门 市 部	010-84029450
经　　销	新华书店及其他书店
印刷装订	北京君升印刷有限公司
版　　次	2020 年 12 月第 1 版
印　　次	2020 年 12 月第 1 次印刷
开　　本	710×1000　1/16
印　　张	14.75
插　　页	2
字　　数	193 千字
定　　价	86.00 元

凡购买中国社会科学出版社图书，如有质量问题请与本社营销中心联系调换
电话：010-84083683
版权所有　侵权必究

内容摘要

经济新常态对国民经济的影响全面且长远,农业作为国民经济的基础性产业,当适应经济新常态。只有大力培育新型职业农民,强化人才支撑,才能真正适应经济新常态,实现农业农村经济持续健康发展。

本书紧扣经济新常态背景,深入阐述了经济新常态对农业农村发展带来的深刻变化、对农业经营者的新要求,根据全国实地调查资料,探究了新型职业农民培育的制度性原因,分析了新型职业农民培育的现状,围绕新型职业农民就业能力培养与政策激励两条主线,形成了培育机理的分析框架、构建了新型职业农民就业能力模型、明确了新型职业农民培育机制,最后提出了"内生主导、外生推动、政府引导、市场运作"的培育思路和相应的政策建议。

本书共八章,按照"关系识别—数据分析—理论探究—验证支持—政策建议"的逻辑思路展开。在关系识别部分(第一章—第二章),提出研究问题并进行总述;在数据分析部分(第三章),详细分析了新型职业农民培育的现状与问题;在理论探究部分(第四章),深刻阐述了新型职业农民培育的制度性原因与培育机理;在验证支持部分(第五章—第六章),从理论到实践,从国内到国外,从定性到定量研究,得出新型职业农民培育的重点、培育的影响因素以及国际经验；在政策建议部分（第七章—第八章），提出了新型职业农民的培育机制与政策建议、研究结论与展望。

第一章对本书研究背景与意义，研究目标与内容，研究思路、方法与技术路线，学术创新与贡献以详尽的说明。第二章对新型职业农民的概念进行了界定，全面回顾了国内外相关理论文献，重点梳理了国内外职业农民培育现状、问题、困难及影响因素等，为本书明晰了研究方向。第三章运用描述性统计分析方法，对乡镇和农户现状、新型职业农民现状及培育现状展开研究。第四章探讨了新型职业农民产生的制度性原因，认为新型职业农民培育是经济新常态内外部诱致性因素下产生的制度需求；通过对经济新常态下新型职业农民培育逻辑路径的剖析，提出应走"内生主导、外生推动、政府引导、市场运作"的培育之路。第五章首先将主观赋权的层次分析法与客观赋权的因子分析法结合起来建立了新型职业农民就业能力指标体系；然后采用 Logit 二元回归模型实证发现 18 个因素对经济新常态下新型职业农民培育具有显著性影响；最后运用三阶段 DEA 分析表明加强培训力度和支持力度等能有效提高新型职业农民农业生产效率。第六章分析了发达国家三种培育模式，总结了国外培育职业农民的经验，概括出对我国新型职业农民培育的有益启示。第七章客观分析了经济新常态下我国"自上而下"的新型职业农民培育机制及存在的现实困境，主张建立新型职业农民自主提升机制、优化新型职业农民教育培训机制、健全新型职业农民创业培植机制、深化制度创新培育新型职业农民机制、完善农业政策激励新型职业农民成长机制，以协同推进新型职业农民培育。在对现有培育政策梳理和评价的基础上，提出：加强新型职业农民培育立法，建立健全新型职业农民法律法规；设立新型职业农民培育专项资金，实现市场化培育；坚持"三大重点"培育政策，提高新型职业农民培育效果；深化改革农业补贴机制，增强新型职业农民成长的积极性；完善新型职业农民扶持政策，助推新型职业农民队伍发展；营造新型职业农民培育良好氛围，推进新型职业农民培育工作等六项改革建议。第八章归纳了本书的四项重要研究结论，并基于研究不足提出了深化研究的三个方向。

本书基于实地调研考察，通过经济学理论分析和实证分析，对新型职业农民培育的现状、问题、影响因素、国际经验、机制与政策等内容进行了深入研究，形成了一个较系统的新型职业农民培育研究体系。本书提出的"突出就业能力提升与政策激励两大维度""充分发挥农民和市场作用培育新型职业农民"以及"五位一体的培育机制与六大政策建议"等学术创新为我国新型职业农民培育提供了理论依据和决策参考，并在一定程度上丰富和补充了现代农业发展理论。

ABSTRACT

Adapting agriculture to a new normal state economy is critical since the agriculture is the fundamental, and its new state makes a great difference in the national economy. This adaptation is rooted in the cultivation of new farmers and the intensification of the support for the persons of ability so as to obtain a sustainable and healthy development of agricultural rural economy.

This book, against the background of the new normal state, deeply expounds the profound changes brought by the new state to the development of agriculture and rural areas, and the new requirements for agricultural operators. Based on the national field survey data, this paper explores the institutional reasons for cultivating new professional farmers. Also, the current situation of farmers training is analyzed. Both the development of the employability of professional farmers and the policy incentives are based on to develop the analytical framework of training mechanism, to build employment ability model of farmers, to clarify the training mechanism and to put forward the training approaches " endogeny-pioneered, exogenesis-driven, government-led and market-operated" and some suggestions for policies correspondingly.

This book consists of 8 chapters, covering such parts as the relationship recognition, the data analysis, the theory exploration, the validation support and the policy suggestion. The relationship recognition (Chapters 1&2) gives the research question and general description; the data analysis (Chapters 3) details the current situation and problems of the cultivation of new profession farmers; the theory exploration (Chapters 4) elaborates the institutional reasons and the mechanism of the cultivation; in the validation support (Chapters 5&6), the cultivation focus, the factors affecting the cultivation and the international experiences follow from the theory to the practice, from the research national and international, and from the qualitative research to the quantitative. The final part (Chapters 7&8) put forwards the cultivation mechanism and the policy advice, and the research conclusion and prospect.

Chapter 1 (Introduction) elaborates the background and the implications, the objectives and implications, the research ideas and contents, the research approach and the innovations. Chapter 2 (Theories and Literature Review) defines the concept of new professional farmers, comprehensively reviews the relevant theoretical literatures at home and abroad, and focuses on the current situation of farmers training, the problems and influencing factors of domestic and foreign professional farmers, and clarifies the research direction for this project. In Chapter 3 (Analysis of Current Training of the New Professional Farmers), descriptive statistical analysis method is used to study the current situation of villages and towns and peasant households, the current situation of new professional farmers and the current cultivation situation. A theoretical analysis of the training of new professional farmers is made in Chapter 4. It explores the institutional reasons, holding that cultivating new farmers is needed by the institution. Also, an analysis of the scientific approach to cultivating new farmers results in the proposition that there need to be a training approach, endogeny-pioneered, exogenesis-driven, government-led and market-operated. Chapter 5 details the empirical analysis; first an integration was made of the analytic hierarchy process of the subjective weighing with the factor analysis of the objective weighing to create indicator system of the employability of new professional farmers; then the demonstration of the Logit binaren regression model was offered to show that such 18 factors have significant influence on the farmer cultivation as "whether or not learn agriculture technology and management by themselves"; lastly, three-stage DEA was used to support that the improved training and supporting can increase the agricultural production efficiency of the farmers. Chapter 6 is about the international experience and implication of professional farmer training. Three training models are analyzed in developed countries, the practical experiences are introduced and the inspiring implications are put forward. In Chapter 7, "Cultivation Mechanism and Policy of New Professional Farmers under the New Normal State", objectively analyses the "top-down" cultivation mechanism of new professional farmers in China under the new normal situation and the existing practical difficulties. It is proposed that an autonomous promotion mechanism of new farmers be built, that a new educational and training mechanism be optimized, that a system to encourage the farmer entrepreneurship be promoted, that the institutional innovations be developed, and that the policy incentives be perfected for farmer development so as to collaboratively improve the new professional farmer cultivation. Finally, with the presenting of current policies and evaluation, six suggestions are offered that the legislation be strengthened, and laws and regulations be established and perfected of new professional farmers, that farmer cultivation be specially funded to realize the marketization of farmer training, that Three-Focus policy be adopted to improve the training, that the reform of agricultural subsidy be deepened to increase the positivity of the new farmers, that the supportive policies be perfected to speed the farmer development, and that create fine atmosphere to back up farmer training. Chapter 8 focuses on the research conclusion and prospect, summarizing the four significant research conclusions and suggesting three further research orientations based on the limitations of this study.

This book, based on both the field research and the economics theoretical and empirical analysis, explores the current situations, the problems, the factors influencing, the international experiences, the mechanisms and the policies, so as to build up a systematic research frame of farmer training. This book proposes that the two dimensions of the employability and the policy incentives be highlighted, that the role of farmers and markets in the training be fully played, and that five-in-one training mechanisms and six suggestions for policies be offered. Those innovative propositions offer useful instructions for the farmer training of China and make contributions to the development of the theory of the modern agricultural development.

目 录

第一章 引言 ……………………………………………………（1）
 第一节 研究背景与意义 ……………………………………（1）
 第二节 研究目标与内容 ……………………………………（13）
 第三节 研究思路、方法和技术路线 ………………………（15）
 第四节 学术创新与贡献 ……………………………………（17）

第二章 相关理论与国内外文献综述 ……………………（20）
 第一节 新型职业农民概念界定与理论基础 ………………（21）
 第二节 新型职业农民培育问题国内外文献综述 …………（34）

第三章 新型职业农民培育现状调查分析 ………………（52）
 第一节 调查设计 ……………………………………………（52）
 第二节 调查乡（镇）和农户现状 …………………………（54）
 第三节 新型职业农民现状 …………………………………（56）
 第四节 新型职业农民培育现状 ……………………………（59）
 第五节 本章小结 ……………………………………………（64）

第四章 新型职业农民培育的理论分析 …………………（65）
 第一节 培育新型职业农民的制度性因素分析 ……………（65）

第二节　新型职业农民培育机理分析 …………………… (75)
　　第三节　本章小结 ………………………………………… (83)

第五章　新型职业农民培育的实证分析 ……………………… (85)
　　第一节　新型职业农民就业能力实证分析 ……………… (85)
　　第二节　新型职业农民培育影响因素实证分析 ………… (102)
　　第三节　新型职业农民农业生产效率实证分析 ………… (111)
　　第四节　本章小结 ………………………………………… (125)

第六章　职业农民培育的国际经验与启示 …………………… (128)
　　第一节　日韩模式的经验 ………………………………… (128)
　　第二节　美加模式的经验 ………………………………… (133)
　　第三节　英法模式的经验 ………………………………… (138)
　　第四节　国外培育经验对我国的启示 …………………… (141)
　　第五节　本章小结 ………………………………………… (143)

第七章　经济新常态下新型职业农民培育机制构建与政策建议 …… (145)
　　第一节　经济新常态下新型职业农民培育机制构建 …… (145)
　　第二节　经济新常态下新型职业农民培育的政策建议 … (157)

第八章　研究结论与展望 ……………………………………… (169)
　　第一节　主要研究结论 …………………………………… (169)
　　第二节　研究展望 ………………………………………… (176)

参考文献 ………………………………………………………… (179)
附录 ……………………………………………………………… (191)
后记 ……………………………………………………………… (221)

第一章 引言

在经济新常态背景下,我国农业农村呈现出新的发展态势。2015年中央一号文件指出,如何在经济增速放缓的背景下继续强化农业基础地位,促进农民持续增收是当前必须破解的一个重大课题。2020年中央一号文件提出促进农民持续增收。习近平总书记指出,农业出路在现代化,农业现代化关键依靠农业科技进步与培养新型职业农民。党的十九大报告明确提出实施乡村振兴战略,坚持农业农村优先发展。乡村振兴的着力点在于调动亿万农民的积极性、主动性和创造性,抓手在于培育适应新时代要求的新型职业农民。新型职业农民是懂科技、会经营、善管理的高素质农业人才。培育新型职业农民就是培育现代农业的现实和未来[①],培育新型职业农民有利于乡村振兴战略的实施,从而加快推进农业农村现代化。

第一节 研究背景与意义

一 研究背景

习近平总书记2014年5月在河南考察时指出,要适应经济新常

---

① 徐辉:《新常态下新型职业农民培育机理:一个理论分析框架》,《农业经济问题》2016年第8期。

态，保持战略平常心。同年11月，习近平主席在亚太经合组织工商领导人峰会上首次系统阐述了经济新常态，他指出，中国经济新常态特征为经济发展速度由高速转为中高速，经济结构不断优化升级，经济发展由要素驱动、投资驱动转为创新驱动。同年12月，中央经济工作会议系统地阐述了我国经济新常态。伍新木认为，"新常态"是在特定的历史阶段、特定的国情及国际背景下，我们国家所做出的一系列选择，是在历史唯物史观前提下，科学的、辩证的必然选择。① 经济新常态对国民经济的影响全面且长远，农业是国民经济的基础性产业，也须适应经济新常态。经济新常态下，农业发展面临的内外环境都发生了重大变化，只有加快农业发展和转型，加固农业基础，农业才会不再是四化同步的"短腿"。② 经济新常态意味着，中国经济将进入一个不可逆转的、具有新的亮点与特色的发展新阶段，一个顺势而为的新时期。适应经济新常态，必须大力弘扬敢为人先、吃苦耐劳、扎根基层的企业家精神，培养一大批高素质的农业劳动者和创新型人才，这样才能适应经济新常态下农业发展新要求，才能提高农业劳动生产效率和经济效益，从而促使我国农业农村生机焕发、活力倍增。

（一）培育新型职业农民是实现农业农村现代化的必然要求

全面建设现代化强国，最艰巨的任务在农村，最大的潜力也在农村，必须补齐农业农村发展短板，使农业农村现代化跟上国家现代化的步伐。加快推进农业农村现代化，应该坚持农业农村优先发展，不断提高农业供给体系的质量与效率，确保国家粮食安全，促进农业绿色发展。实现农业农村现代化，客观上要求大力培育新型职业农民。

1. 农业农村现代化归根结底是人的现代化

人是生产力中最活跃的因素，推进农业农村现代化，实现农业强、

---

① 白晓楠、万平：《荆楚讲坛：伍新木纵论新常态新作为》，http://roll.sohu.com，2015年6月16日。
② 李玉梅、云帆、韩长赋：《适应新常态 推进农业农村经济健康发展——农业部长韩长赋答记者问》，《学习时报》2015年1月5日。

农村美、农民富，客观上要求推进人的现代化和农民的职业化。现代化过程，归根结底是人的现代化，只有农业农村现代化的主体农民充分掌握了相应的现代化技能，才能形成农业农村现代化的强力支撑。

之所以要大力培育新型职业农民，是因为新型职业农民是振兴乡村、发展现代农业的重要主体。农业生产经营者素质的高低，直接影响着传统农业向现代农业转型的进程。培育新型职业农民，促进传统农民向新型职业农民转变，让农业成为有奔头的产业，让农民成为体面的职业，才能形成促进我国农业农村发展的持久动力。实施乡村振兴战略，广大农民是主力军，农民素质的高低、掌握现代科学技术的多寡，以及他们的创造力，直接决定了我国农业农村现代化的进程。

2. 提高农业供给体系的质量与效率要求培育新型职业农民

经济新常态下，我国农业主要矛盾已经由总量不足转变为结构性矛盾：农产品结构性供过于求与供给不足并存。经济新常态倒逼我国深入推进农业供给侧结构性改革，不断提高农业供给体系的质量与效率。

农业供给是一个投入产出系统，要依靠新型职业农民，提高农业供给体系的质量与效率。一是依赖新型职业农民的经营能力，提高农业供给对市场需求变化的适应能力与对接能力，切实增强农业供给质量。二是依靠新型职业农民的生产能力，促进农业适度规模经营、提高农业劳动生产率、提高农产品质量安全标准，增强农产品的国际竞争力。三是通过新型职业农民的职业性，提高农业供给体系的可持续发展能力，从而稳步增强农业科技贡献率，大规模开展高标准农田建设和农田水利建设，实现"藏粮于地，藏粮于技"，突出绿色发展，聚力质量兴农，使农业供需关系在更高水平上实现新的平衡。

3. 确保国家粮食安全和重要农产品有效供给要求培育新型职业农民

2014年中央农村工作会议指出，一个国家只有立足粮食基本自给，才能掌握粮食安全主动权，进而才能掌控经济社会发展大局。习近平总书记2018年9月考察黑龙江七星农场时说："中国人要把饭碗端在自己手里，而且要装自己的粮食。"① 因此，我国农业农村现代化必须以确保国家粮食安全和重要农产品有效供给为前提。

经济新常态下，在农业调结构、转方式过程中，我们必须始终坚定地确保粮食不出现大幅减产、粮食产能不出现下滑作为"调"和"转"成功与否的重要标准之一。② 通过培育新型职业农民，引导他们立足我国基本国情农情，遵循现代化规律，依靠农业科技支撑和创新驱动，不断提高我国农地产出率、资源利用率、劳动生产率，努力走出一条生产技术先进、经营规模适度、市场竞争力强、生态环境可持续的中国特色新型农业现代化道路，确保实现谷物基本自给、口粮绝对安全、重要农产品有效供给。

4. 农业绿色发展要求培育新型职业农民

党的十九大报告指出，生态文明建设功在当代、利在千秋，是中华民族永续发展的千年大计。农业是国民经济的基础，也是生态文明的重要组成部分。习近平总书记指出，推进农业绿色发展是农业发展观的一场深刻革命，要推动形成同环境资源承载力相匹配、生产生活生态相协调的农业发展格局。

党的十八大以来，我国农业绿色发展成绩斐然，但总体而言，农业主要依靠资源消耗的粗放经营方式没有得到根本扭转，农业面源污染和生态退化的趋势尚未得到有效遏制，绿色优质农产品和生态产品供给还不能完全满足人民群众日益增长的需求。面对新时代农业绿色发展的目标和任务，应大力培育新型职业农民，以新型职业农民和新型农业经营主体为核心，重点推进农业产业结构改革、农业生产方式

---

① 转引自申勇等《中国人要把饭碗端在自己手里，而且要装自己的粮食》，http://news.sina.com.cn，2018年9月26日。
② 余欣荣：《中国人饭碗要端在自己手上，主要装中国粮》，http://news.cctv.cn，2015年3月6日。

转变及农业经营机制调整,加强农业面源污染治理,清除农业绿色发展障碍,促成一批绿色形态的新产业新业态快速发展、一批绿色农业技术覆盖面扩大、一套绿色发展的制度体系和长效机制基本建立,使农业农村绿色、持续发展。

5. 乡村振兴要求培育新型职业农民

党的十九大报告提出的乡村振兴战略,要求坚持农业农村优先发展,实现产业兴旺、生态宜居、乡风文明、治理有效、生活富裕的总要求。

作为一项重大的综合的战略,乡村振兴不仅需要投入大量的资金,还需要投入大量的人才,"人才兴则乡村兴",必须培养造就一支懂农业、爱农村、爱农民的"三农"工作队伍。作为实现乡村振兴战略的主体力量,农民的知识结构、能力结构和观念更新对乡村振兴的成效至关重要。一方面,要全面建立职业农民制度,实施新型职业农民培育工程,让越来越多的农民生产上有能力、经营上有办法、精神上有追求,使乡村生机勃勃。另一方面,要以更加开放的胸襟吸引人才,用更加优惠的政策留住人才,吸引农村精英回乡、城市人才"上山下乡",让农业成为有奔头的产业,让农民成为有吸引力的职业,让农村成为安居乐业的美丽家园。

(二)培育新型职业农民是应对经济新常态下农业农村突出问题的现实需要

改革开放 40 多年来,我国农业农村工作取得了举世瞩目的成就,出现多方面的积极态势:农村经营体制机制创新,激活了农村各类生产要素;农业供需已实现基本平衡;农业科技贡献率不断提高,2015 年已达到 56%,2020 年将达到 60%[①];农村劳动力持续向外转移,为农地适度规模经营提供了一定的条件;农业发展新业态、新模式产生

---

① 韩长赋:《2020 年农业科技进步贡献率将达到 60%》,http://npc.people.com.cn/,2016 年 12 月 23 日。

了诸多新的农业经济增长点,等等。但由于历史等多方面的原因,农村发展滞后于城市的状况仍然没有得到根本改变,农业发展面临新的情况、出现新的问题。经济新常态下,我国农业农村发展的突出问题主要表现为以下几个方面。

1. 农产品供需结构性矛盾突出

经济新常态下,我国农业发展的主要矛盾已发生根本性变化,我国农产品总量不足的矛盾已得到解决,农产品供求基本平衡,但是出现了农产品供给的结构性矛盾,主要特征为阶段性供过于求和供给不足并存,结构失衡现象比较严重。

我国粮食总需求约为12800亿斤,粮食连增12年之后,我国粮食总产量达到12429亿斤,粮食供给缺口已比较小了。[①] 尽管我国粮食供求基本平衡,但是结构性矛盾突出。一方面,棉花、玉米等农产品大量过剩,例如玉米的年库存量就超过1亿吨左右,而大豆、白糖等却远远无法满足国人的消费需求,国产大豆仅为国内需求的1/8左右。[②] 另一方面,随着中国工业化、城镇化快速推进,农村劳动力的转移以及人们脱贫致富带来的饮食结构的变化,消费者口味的变化、健康需求和饮食习惯的变化等,人们对高端食品的需求越来越多。现代农业生产不仅仅要解决人们的温饱问题,更要满足人们日益增长的中高端饮食的需求,比如对肉蛋奶、水果、蔬菜以及加工农产品的需求。据专家测算,我国每年须增加400万吨粮食、80万吨肉类、50万吨植物油,才能满足人们的生活需求。因此,刚性增长的农产品需求在短期内不会发生根本性转变,旺盛的农产品需求将为我国农业生产和贸易提供新支撑。[③]

---

① 陈锡文:《我国粮食品种结构供需双方存在明显矛盾》,http://www.xinhuanet.com/,2016年3月6日。
② 根据中国粮油信息网资料数据测算。
③ 张红宇:《中国:"新常态"的现代农业图景》,《瞭望新闻周刊》2014年第52期,转引自http://www.jieyue.net/,2014年12月29日。

在此背景下，我国政府适时启动了农业供给侧改革，试图在政府的引导下让农民主动调整农业生产结构，提高农产品供应的质量和效率。然而，当前我国农村人口红利逐渐消失，一方面大量的青壮年劳动力转移到城镇就业，农村多为"386199"部队；另一方面农业生产的劳动力成本不断攀升，农业供给侧改革困难重重。因此，必须通过提高职业农民的受教育程度、劳动技能水平及应用现代信息技术的能力来提高农业劳动生产率，形成质量型人口红利，以弥补过去由劳动年龄人口占比多所带来人口红利的消失。充分利用新型职业农民的技能与理性决策，通过市场主动进行农业结构性调整、提升农产品品质，形成有效供给。从农业供给方来说，如果农业生产和经营主体的人力资本上不去，供给就难以取得好的效果，农业去产能、去库存、补短板就可能成为一句空话，因此应该对现有的农村人力资源，加强教育和职业技能培训，培育出更多的新型职业农民。通过新型职业农民带领更多小农户参与农业供给侧改革，主动调结构、提质增效，促进农业经济的持续增长。

2. 农业生产效益与效率尚低

经济新常态下，农民的温饱问题已解决，他们的生产经营活动目的将转向追求高效益与高效率，而不是单纯地提高产量。但是，伴随着农村劳动力转移，农民职业分化，农村务农劳动力不仅数量相对下降，而且整体素质也出现结构性下降现象，农业生产效益与效率仍较低，全面提升农业生产效益与效率举步维艰。

2016年全国农民工总量超过2.8亿人，青壮年农业劳动力急剧减少，农村空心化、务农农民老龄化和妇女化现象日益明显。《中国人口统计年鉴2016》数据表明，全国农业人口为2.13亿，男性和女性人口差别不大，分别占51%和49%；年龄分布中，20岁以下的占22.2%，20—29岁的占16.7%，30—39岁的占14.5%，40—49岁的占17.6%，50—59岁的占12.8%，60岁及以上的占16.2%。据《第三次全国农业普查主要数据公报》,我们进一步发现,2016 年全国农业生产经营人员有 3.14 亿,其中男性比例略高于女性,分别占 52.5%、47.5%。从业者中,年龄以中年为主,青年人偏少,如图 1-1 所示;从业者以初中学历为主,高学历者偏低,如图 1-2 所示。

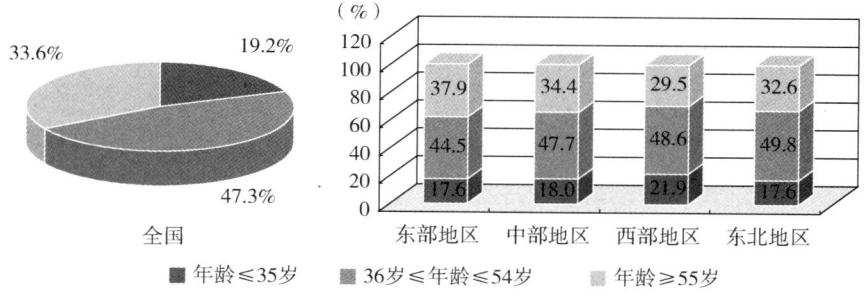

图 1-1　全国及各地区农业生产经营人员年龄构成

注:因四舍五入,合计数可能不等于 100%。下同。

资料来源:《第三次全国农业普查主要数据公报》。

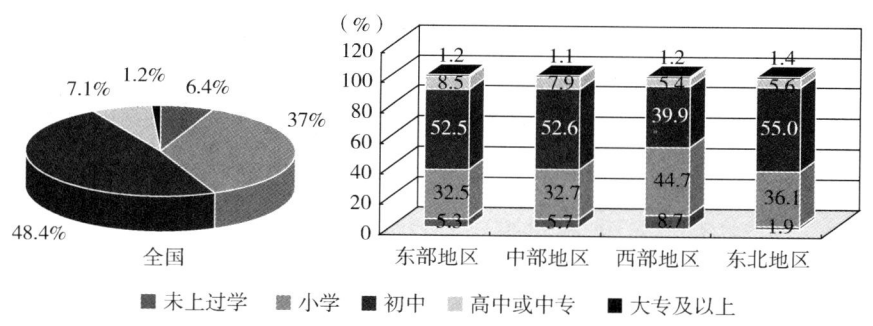

图 1-2　全国及各地区农业生产经营人员学历构成

资料来源:《第三次全国农业普查主要数据公报》。

另外,大量务农者采用分散经营方式,造成了当前农业生产的小规模化。这种分散的、小规模的经营方式大多缺乏技术含量、生产方式较落后、市场销售能力差、应对风险能力弱。与很多农业发达国家不同，我国农业生产经营者不仅规模小而且横向协作少，参与农民专业合作社的少，纵向产业化程度不高，农业生产成本高，农民生产效率和效益低。与美国相比，2015年我国的农业产值仅为美国的17.92%，然而我国主要粮食作物大豆和玉米的种植成本却分别达到美国的2.14倍和2.23倍。① 根据国家发改委价格司编写的《全国农产品成本收益资料汇编 2016》，三种主要粮食作物产量2010—2015年基本稳定，但总成本一直处于上升态势，净利润波动明显，2015年比2014年下降84.33%。经比较，列入的15种主要农产品（稻谷、小麦、玉米、大豆、花生、油菜籽、棉花、烤烟、甘蔗、甜菜、桑蚕茧、苹果、散养生猪、规模生猪、大中城市蔬菜），2010—2015年，除了桑蚕茧的产量略有下降之外，其他农作物产量均为增产；但总成本上呈全部上涨趋势，其中棉花、甜菜、桑蚕茧、大中城市蔬菜成本上涨非常明显，分别达到150.14%、184.76%、201.71%、161.03%；最终净利润方面除了烤烟和规模生猪增加之外，其他农作物全部为减少，特别是油菜籽、桑蚕茧、散养生猪在2014年和2015年均为亏损状态。

显然，低素质的农业劳动力和小规模的农业经营不利于推动我国农业的规模化、机械化与集约化经营，不利于我国农业现代化的实现。因此，提升农业生产经营者素质和推进多种适度规模经营是我国农业现代化实现的前提条件，应该在培育新型职业农民上下功夫。

3. 农业农村发展的环境与资源约束突出

在过度追求农业产量的过程中，由于过分依赖化肥、农药、塑料薄膜的投入造成了土壤污染，焚烧秸秆带来了雾霾污染等。这些

---

① 韩俊：《推进农业供给侧结构性改革 提升农业综合效益和竞争力》，《学习时报》2016年12月26日。

农业污染不仅对生态环境造成严重破坏，而且给农产品质量安全埋下了重大隐患，制约着我国农业由数量型向质量效益型转变，对农业可持续发展和人体健康构成了重大威胁。在温饱问题解决之后，在即将全面建成小康社会之际，人们对农产品多元化的需求和食品质量安全的要求越来越高，以环境污染为代价的农产品已越来越没有市场。

在粮食产量高位运行及十二连增[①]的背景下，我国现代农业发展的资源压力明显：一是我国人均耕地资源和水资源仅为世界平均水平的1/3和1/4；二是农村"弱者和老者种地"的现象越来越普遍，2016年我国农业从业人员中50岁以上的比重接近50%，55岁及以上者占到33.6%；三是农业从业人员的文化程度和技能素质整体偏低；四是农业资源投入过多，单位面积化肥和农药使用量已分别达到世界平均水平的3.6倍和2.5倍，大大超出合理使用量，边际增产效果明显下降。[②]

4. 农业财政补贴压力加大

我国之所以取得粮食生产十二连增，这与近十多年不断增加的农业补贴直接有关。我国现行农业补贴政策范围广，形式较为丰富，大大提高了农民的生产积极性及农业收入水平。应该警醒的是，我国主要农产品的国内价格已全面超过国外进口农产品的交易价格，与生产或贸易行为挂钩的"黄箱"支持力度已接近甚至超过我国加入世界贸易组织时承诺的上限，农业财政补贴的"天花板"封顶效应开始显现，单纯依靠提高最低收购价和临时收储价、增加各种补贴来刺激农业增长的空间已十分有限。

---

① 由于粮食库存压顶，中央和有关部门主动调整农业结构，稳量提质，2016年全国粮食总产量同比减少0.8%。
② 《走中国特色新型农业现代化道路》，求是网专访，http://www.chinadaily.com.cn，2015年2月26日。

我国的"四项补贴"①，已经从 2004 年的 145 亿元增加到 2013 年的 1700 亿元。如果再加上试行的对棉花和大豆的补贴，2014 年的总补贴就已超过 2000 亿元，这还未计算对收储部门的数百亿元补贴，"十三五"期间我国农业补贴总额预计将突破 10 万亿元。② 然而，当前的农业补贴政策存在很多问题并可能带来更大的财政窟窿。因此，甄别农业补贴政策的效用十分重要，农业补贴政策应与现代农业的发展要求和新型农业经营主体培育的需求相适应，积极探索和调整农业补贴的方式和方法，激发新型职业农民的生产经营的积极性，实现向现代农业发展方式的转变。

5. 乡村振兴人才匮乏

经济新常态下，大部分农村家庭呈现"半工半农"状态，农村家庭中的大多数青壮年劳动力，当然包括素质较高的人才都进城务工，他们的工作场所和收入来源分别转变到城市和非农收入，农村则由留下的"386199"部队勉强以农维持生计。当前，许多农村都出现了农村人口老龄化、村庄空心化、家庭离散化的现象，乡村发展缺人气、缺生机、缺活力等现象较为普遍。这种"以代际分工为基础的半工半耕"，甚至"以工为主、以耕为辅"的家庭生计模式，对农民来说，由于增加了收入，短期内利大于弊；但对乡村振兴而言，由于缺少了最有活力的青壮年人才，则是弊大于利，人才短缺成为制约乡村振兴的瓶颈。另外，在农村工作的专业人才，尽管近年来待遇得到了明显的改善，但是由于农村工作压力大、条件比较艰苦、产业培育受到了市场的制约，迫使一些农村专业人才远走高飞或改行。尤其是，一部分乡镇的农技、农机、畜牧兽医技术人员编制不齐，乡土人才也在外出务工中流失，留下的一些老龄技术人员又满足不了农业科技发展的

---

① 粮食直接补贴、良种补贴、农机具购置补贴和农资综合补贴。
② 柯炳生：《用土地补贴取代现有农业补贴》，《中华合作时报》2015 年 3 月 10 日。

需要,制约了乡村产业的发展。

人才兴则乡村兴,乡村振兴的关键是人才振兴。2018年中央一号文件指出,实施乡村振兴战略,必须破解人才瓶颈制约,汇聚全社会力量,强化乡村振兴人才支撑。乡村振兴战略,实施的主体是农民,受益的主体也是农民。因此,实施乡村振兴战略的一个重要着力点,就是要加快培养和造就一大批符合时代要求的、具有引领和带动作用的农业农村人才,培育一支新型职业农民队伍,充分发挥新型职业农民在乡村振兴进程中的支撑和引领作用。

二 研究意义

在经济新常态背景下,我国农业呈现出新的发展态势。2015年中央一号文件指出,如何在经济增速放缓的背景下继续强化农业基础地位,促进农民持续增收是当前必须破解的一个重大课题。经济新常态下农业发展发生了重大变化,既有重大挑战更有历史机遇。在资源环境硬约束下,大力培育新型职业农民是发展现代农业,转变农业发展方式,实现农业粗放经营向集约、精细经营转型,以现代农业科技提高农业产出,推进农业供给侧改革以及促进农业农村发展焕发生机的客观要求,刻不容缓。然而,国内外学界现有研究对新型职业农民形成机理以及培育机制研究不足,忽视了新型职业农民的就业能力提升问题,对政府开展新型职业农民培育的政策制定参考作用不大。因此,本书相对于已有研究的独到理论意义和实践意义有以下几点:

(一)理论意义

(1)本书结合新型职业农民培育现实,在理论上提出新型职业农民培育机制,充实了我国现代农业发展理论。

(2)本书在理论上探讨影响新型职业农民培育的主要因素,为政府制定新型职业农民培育政策提供理论依据。

(二) 实践意义

(1) 本书以培育新型职业农民为主线,紧紧抓住新型职业农民的就业能力、政策激励两个关键维度,提出新型职业农民自主提升机制、教育培训机制、创业培植机制、创新培育机制、政策激励成长机制及系列创新性政策建议,可为政府制定相关培育政策提供决策参考。

(2) 本书围绕新型职业农民就业能力问题,构建起新型职业农民就业能力评价指标体系,对区域新型职业农民培育效果评价、农民个人职业规划与职业发展有着重要的现实指导意义。

第二节 研究目标与内容

一 研究目标

本书将以习近平总书记系列讲话和近几年中央一号文件精神为指导,基于经济新常态下农业发展新态势,以加快农业现代化发展为导向,以新型职业农民为研究对象,采用我国不同地区(东、中、西、东北等地7省区)的实地调研数据,主要完成三个研究目标:

目标一:探究新型职业农民的形成机理。

目标二:明确新型职业农民培育的影响因素。

目标三:提出新型职业农民培育创新思路、机制体系及政策措施。

二 研究内容

本书内容主要包括四个方面,具体内容如下:

(一) 经济新常态下新型职业农民发展的现状研究

本书在调查设计说明的基础上,根据对我国东、中、西、东北等地7省区的实地调研数据,运用描述性统计分析方法,对调研样本的个人特征和家庭特征信息、新型职业农民培育现状、培育中存在的主要问题展开研究。该部分对应本书第三章内容。

(二) 新型职业农民培育的理论研究

本书在梳理国内外文献和理论基础上,着重探讨了新型职业农民培育的制度性原因,并从新型职业农民个体和群体形成原因入手,对新型职业农民形成予以理论阐释,明确了新型职业农民的培育机理,另外还对国外职业农民培育经验予以归纳总结。该部分对应本书第二章、第四章和第六章内容。

(三) 新型职业农民培育的实证分析

利用7省区新型职业农民培育的第一手调查数据,进行实证分析。一是将主观赋权的层次分析法与客观赋权的因子分析法结合起来建立了新型职业农民就业能力评价指标体系,实证发现经营能力等九个因子是新型职业农民就业能力的主要能力素质。因此应以就业能力为导向,围绕六种能力目标,以培养和提升农民的经营能力、工作意愿、工作匹配度、决策力、政治背景、社交能力、职业忠诚度、工作满意度、求知欲为核心培养新型职业农民。二是运用二元Logit模型分析了新型职业农民培育的影响因素。研究发现,性别、年龄、父母亲职业、农业职业教育情况等18个因素对培育新型职业农民具有显著性影响,研究结果为我国新型职业农民培育提供了有益的证据与思考,有利于精准发力培育新型职业农民,促进农业现代化的实现。三是运用三阶段DEA模型分析了新型职业农民农业生产效率,研究表明加强培训力度和支持力度等能有效提高新型职业农民农业生产效率。该部分对应本书第五章内容。

(四) 经济新常态下新型职业农民培育的机制构建与政策建议

本书以经济新常态下新型职业农民培育存在的问题为出发点,基于上述理论和实证分析结果,客观分析了经济新常态下中国新型职业农民现阶段存在的五大现实困境，主张构建新型职业农民五大培育机制体系。本书最后提出加强新型职业农民培育立法，建立健全新型职业农民法律法规；设立新型职业农民培育专项资金，实现市场化培育；坚持"三大重点"培育政策，提高新型职业农民培育效果；深化改革农业补贴机制，增强新型职业农民成长的积极性；完善新型职业农民扶持政策，助推新型职业农民队伍发展；营造新型职业农民培育良好氛围，推进新型职业农民培育工作等具体的政策与措施。该部分对应本书第七章内容。

除上述主要研究内容外，为求研究的完整性，还有两章的内容，分别是第一章"引言"、第八章"研究结论与展望"。

第三节 研究思路、方法和技术路线

一 研究思路

本书在充分考虑经济新常态的背景下，采用调查研究法、规范研究法、实证研究法等多种研究方法，从农业经济发展态势中识别新型职业农民培育的需求，通过现场调查收集研究数据，并构建起新型职业农民形成的理论框架模型，探究职业农民的形成机理，通过大样本数据的计量分析获得验证支持，在借鉴国外经验的基础上构建培育机制，提出政策建议，为各级政府推进新型职业农民培育提供理论支持与政策建议。

二 研究方法

（一）调查研究法

本书选择广东、浙江、湖北、四川、陕西、广西及黑龙江7个省区、21个县（市）一共1512个农户（每户调查一位农民），采用问卷调查法进行全面的实地调查访问，获取了新型职业农民培育现状的第一手资料。调查内容主要涉及：新型职业农民的基本特征、培育政策、培育措施及培育效果等。

（二）规范研究法

一方面对新型职业农民培育进行制度分析，明确了新型职业农民培育制度供给不足问题；另一方面通过建立新型职业农民形成理论框架模型，对新型职业农民形成机理从内生需求与外生推动两方面进行理论探讨，研究表明培育应以"内生为主、外生为辅"来推进。

（三）实证研究法

根据实地调查数据，采取层次分析法和因子分析法构建新型职业农民的就业能力评价体系；采用多元 Logit 回归模型方法，实证分析影响新型职业农民培育的主要因素；利用三阶段 DEA 模型研究新型职业农民农业生产效率问题。

（四）文献研究法

通过研究国内外相关文献，尤其是国际学术界对职业农民问题研究的文献资料和相关经济学理论作为本书的研究基础，归纳整理出职业农民培育的国际经验，为我国职业农民培育提供经验借鉴。

（五）归纳推理法

根据理论和实证分析结论，归纳总结出有利于新型职业农民培育的思路、机制体系、政策措施等，以供相关政府决策部门参考。

三 技术路线

本书按照图 1-3 的技术路线进行研究：

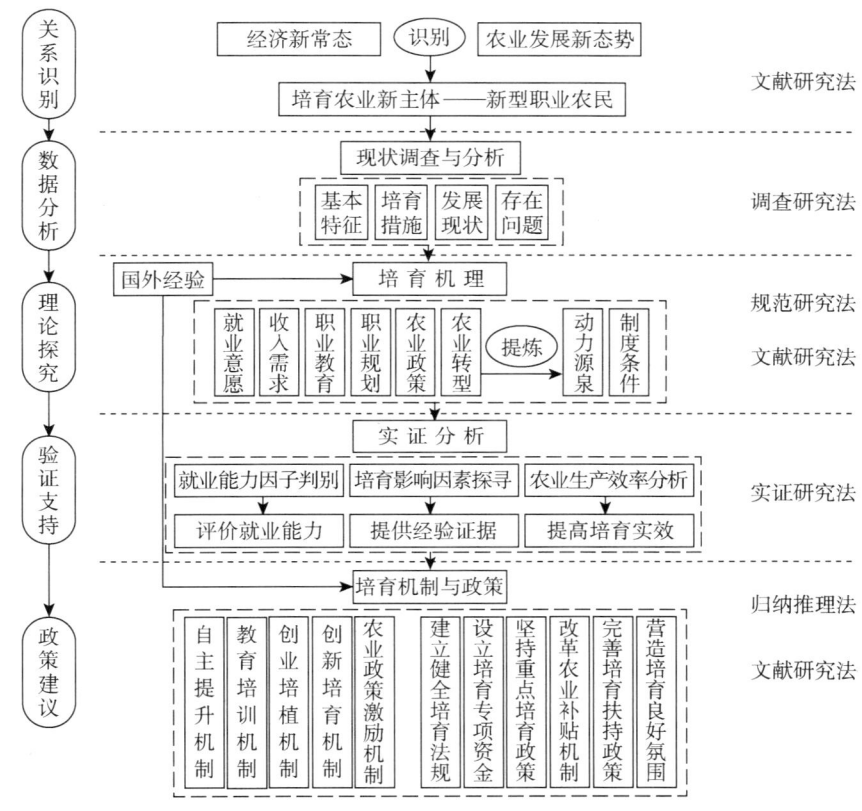

图 1-3 本书研究的技术路线

第四节 学术创新与贡献

一 学术创新

本书以现代农业理论、人力资本理论及公共产品理论等为理论基础,借鉴国内外学者的研究方法和研究思路,在理论上阐释了新型职业农民培育机制与思路,并基于大量实地调研数据的实证研究,提出了经济新常态下以解决"谁来种地、如何种地"问题为目标的新型职业农民培育制度设计与政策建议,具有重要的学术创新意义。

(一)学术思想创新

本书认为,新型职业农民培育的核心是提供良好的新型职业农民培育制度与政策环境,以促成具有一定农业技能的职业农民群体的形成。其中,就业能力提升与政策激励是新型职业农民培育的两个关键维度,在培育制度设计与政策制定中应予以重点关注。这与大多数现有研究主要专注于培训培育不同,在思想认识上有所提升。

(二)研究内容的创新

(1)课题组对全国7省区21县(市)1512个农户和21个乡(镇)进行实地调研,全方位了解了我国新型职业农民培育的现状,获得了大量的一手数据资料,为实证分析提供了数据支撑。

(2)本书建立了一个新型职业农民培育的理论分析框架,认为农民的职业化选择是一种理性选择行为,新型职业农民群体的形成与经济新常态下转变农业发展方式有密切关系。新型职业农民的培育反映了农民就业偏好、收入期望、职业教育与规划等因素的内生发展需求,并在现代农业转型升级、农业发展支持政策和新型农业经营主体示范效应等外生因素的推动下完成,从理论上揭示了新型职业农民的培育机理。这种强调"内生培育为主、外生培育为辅"的新型职业农民培育模式的提出,不仅在理论上完整地阐述了新型职业农民形成问题,而且可以更加有效地指导培育新型职业农民的实践工作。

二 学术贡献

培育新型职业农民是中国发展现代农业的一个重大现实问题。本书在前人研究的基础上,对这一问题进行了全面、深入的研究与分析,主要学术贡献有以下两个方面。

（一）阐明新型职业农民培育机理并主张构建培育机制体系

本书认为，新型职业农民的成长和发展关键源于农民的理性选择，首先源于有从事农业生产经营的偏好、坚信务农是一种好的职业选择、曾接受过职业教育或培训、拥有较高的农业就业能力与较明确的职业发展规划等内在因素指引，其次是农业产业转型升级创造的发展机会、农业政策激励及新型农业经营主体的示范带动效应等外部因素的刺激和推动。因此，应该走"内生主导、外生推动"的培育之路，建立一个"途径多样、协同推进"的培育机制，构建起"五位一体"的新型职业农民培育新机制。

（二）创新性提出系统的新型职业农民培育思路与政策措施

本书基于理论与实证研究，创新性地提出了"内生主导、外生推动、政府引导、市场运作"的培育思路，设计出"明确培育主体、遴选培育对象、扩充培育内容、多种培育方式、不限培育时间、灵活的培育地点、第三方认定管理及政府政策支持"等具体的培育措施。为充分发挥政策激励作用，建议设立培育配套政策措施，包括建立健全培育法规、设立培育专项资金、坚持重点培育政策、改革农业补贴机制、完善培育扶持政策及营造培育良好氛围六个方面的政策建议。

第二章 相关理论与国内外文献综述

我国是一个农业大国，农民问题一直是重大的学术问题。20世纪20—30年代，梁漱溟、晏阳初等学者首开乡村教育研究先河，之后许多学者对此进行了相关研究；20世纪90年代，一些学者开始对农民教育培训进行研究，许多学者重点研究了农村剩余劳动力转移问题；21世纪初，大多数学者把研究重点放在农民人力资本投资、农民增收、农民职业分化及农民工等问题上。2005年以后，随着"三农"政策的密集出台，学者们开始聚焦职业农民、新生代农民工市民化等问题的研究。国外对农民相关问题的研究，一方面，以二元结构理论为基础，在农村劳动力转移与流动方面做了深入的研究；另一方面，主要基于人力资本理论，对职业农民培育问题进行了研究。职业农民培育是几十年来国外学术界关注的重大问题之一，早在20世纪60年代，舒尔茨就从人力资本的角度提出农民素质提高对改造传统农业的作用[1]。此后，不少文献围绕应对农业人口老龄化展开了职业农民培育研究。

---

[1] 西奥多·W. 舒尔茨：《改造传统农业》，梁小民译，商务印书馆1987年版。

第一节　新型职业农民概念界定与理论基础

一　概念界定

（一）新型职业农民的内涵

随着我国农业现代化加速发展以及乡村振兴战略的提出，农业人才体系建设越来越受到党和国家的关注。自2005年农业部[①]在《关于实施农村实用人才培养"百万中专生计划"的意见》中首次提出培养职业农民，到2007年《中共中央　国务院关于积极发展现代农业　扎实推进社会主义新农村建设的若干意见》正式提出培养"有文化、懂技术、会经营"的新型农民，一系列政策的颁布都体现着党和国家对提升农民素质的决心。随着经济全球化进程加快，国际农业市场的竞争也愈演愈烈，农业竞争力的核心是现代农业发展，而农业现代化过程必然伴随着人力资本的提升，传统农民、新型农民、职业农民都难以适应农业现代化的人才需求，新型职业农民应运而生。2012年，中央一号文件《关于加快推进农业科技创新　持续增强农产品供给保障能力的若干意见》首次明确提出大力培育"新型职业农民"，新型职业农民是农业农村现代化的重要支撑，国家和地方政府正在不断完善新型职业农民的培育制度和发展机制，这要求我们必须明确新型职业农民的内涵界定。

农业部在《"十三五"全国新型职业农民培育发展规划》的通知中指出，新型职业农民是以农业为职业、具有相应的专业技能、收入

[①] 2018年国务院机构改革，已将其更名为农业农村部，但农业农村人才培养，包括新型职业农民培育工作仍属于其业务范畴。由于文件由当时的农业部颁发，故本书保留原部门名称。下同。

主要来自农业生产经营并达到相当水平的现代农业从业者①。习近平总书记用"爱农业、懂技术、善经营"九个字勾勒出新型职业农民的鲜明特征。国内有许多相关学者先后对新型职业农民的内涵进行了界定。大多数学者认为新型职业农民仍然属于农民范畴,而农民则是长期居住在农村地区、以土地为基本生产资料、长期从事农业活动的劳动者②。但新型职业农民中的"农民"应该是一种自由选择的职业,而不是被赋予的一种身份标签③。张明媚从时间维、空间维、价值维、领域维四个维度分析了新型职业农民的特性,认为新型职业农民是在农业现代化的背景下,具有满足现代农业生产、经营、管理所需的科技文化素质、生产技能和职业道德水平,并经过市场和现实的选择,长期或相对固定的农业从业人员④。

目前,关于新型职业农民的概念界定未能完全统一,但基本涵盖生产经营、专业技能、社会分工以及基本的社会责任感和现代感等内容。新型职业农民可分为生产经营型、专业技能型和社会服务型三种类型。"生产经营型"新型职业农民是指以家庭生产经营为基本单元,充分依靠农村社会化服务,开展规模化、集约化、专业化和组织化生产的新型生产经营主体,主要包括专业大户、家庭农场主、专业合作社带头人等⑤。"专业技能型"新型职业农民是指在农业企业、专业合作社、家庭农场、专业大户等新型生产经营主体中,专业从事某一方面生产经营活动的骨干农业劳动力,主要包括农业工人、农业雇员等。"社会服务型"新型职业农民是指在经营性服务组织中或个体从事农

---

① 农业部科技教育司:《农业部关于印发〈"十三五"全国新型职业农民培育发展规划〉的通知》,2017年1月22日。
② 朱启臻:《农村社会学》,中国农业出版社2007年版。
③ 冯仕政:《学者解读习总书记谈"三农"创新:培养"新型职业农民"》,中国共产党新闻网,2017年3月9日。
④ 张明媚:《新型职业农民内涵、特征及其意义》,《农业经济》2016年第10期。
⑤ 《建立严格认证制度,确保职业农民素质——访中央农业广播电视学校常务副校长王守聪》,《农民日报》2013年7月3日。

业产前、产中、产后服务的农业社会化服务人员，主要包括跨区作业农机手、专业化防治植保员、村级动物防疫员、沼气工、农村经纪人、农村信息员及全科农技员等[①]。

综合上述文件精神和学者观点，本书将新型职业农民界定为：通过合法手段占有一定的农业生产资料并拥有相应的专业技能，长期从事现代农业生产经营活动，能利用市场机制获得较为稳定的收益，具有基本职业道德的农业从业人员。

（二）新型职业农民与传统农民的联系与区别

新型职业农民与传统农民从事的都是农业生产活动，但是二者在"农民"的性质界定上有着本质区别。西方学术界一直将我国的农民称为"Peasant"（传统农民）而不是"Farmer"（职业农民），其原因就在于我国的农民通常被理解为社会学意义上的身份，或是社会等级，而不是经济学意义上的理性人[②]。新型职业农民中的"农民"显然已经脱离了传统的社会学意义，内涵更为丰富。第一，新型职业农民应该"爱农业、爱农村"。只有真正爱农业、爱农村的人才能扎根于农村，将农民当做职业，为农业现代化长期持续地投入。第二，新型职业农民应该"懂技术"。新型职业农民要逐渐摆脱传统农民的小农思想和经验主义思想，掌握从事农业活动的专业知识和技能，具备学习新知识、新技术的能力。第三，新型职业农民应该"会经营"。只有"会经营"，才能准确把握现代农业生产特点进行集约化农业生产活动，才能打造农业产业链，建立农业经营体系，实现高收益。第四，新型职业农民应该"善管理"。科学的管理会让新型职业农民以最优品质、最低成本、最高效率对市场变化做出快速反应，确定最优生产决策，达到效益

[①] 曹荭、刘远：《为现代农业建设培育核心主体——访新型职业农民培育专家咨询组组长、中央农广校常务副校长王守聪》，《云南农业》2013年第7期。

[②] 庄西真：《从农民到新型职业农民》，《职教论坛》2015年第10期。

最大化。

（三）新型职业农民与职业农民的联系与区别

职业农民是在传统农民的基础上，随着农业生产分工的不断细化产生的概念。新型职业农民与职业农民都衍生于传统农民，但都脱离了传统农民的"世袭性"、不可流动性和封闭性。首先，尽管从词语组成结构来看，新型职业农民比职业农民只是多了"新型"二字，但是内涵和外延却更加丰富。新型职业农民在职业农民之后提出，其基本内容不仅囊括了职业农民的概念，并在此基础上突出了新型职业农民要对新的社会环境、政策变化作出积极响应；要及时学习农业现代化发展需要的新技术、新理念并努力创新。其次，强调了新型职业农民对现代化农业经济体系的适应性，新型职业农民是新型农业经营主体的主力军。

（四）新型职业农民与新型农民的联系与区别

新型农民继职业农民后被提出，在宏观层面比职业农民范围要广泛，其不仅包括"职业化"的农民，理论上应该涵盖了所有从事现代农业活动的农民，也就更加接近新型职业农民。但是，与新型农民概念相比，新型职业农民概念突出"职业"二字，达到了去"标签化"，并提出了一定的行业准入门槛，使得"农民"从一个身份称谓转变到职业称谓，意味着新型职业农民将以农业为主要收入来源，通过市场来获取收益，体现出高度的市场化、稳定性和对职业的热爱以及社会责任感。

（五）新型职业农民与新型农业经营主体的联系与区别

新型职业农民与新型农业经营主体都是在传统小农户基础上和构建现代农业经营主体背景下提出的，目的都是解决长期存在的"三农问题"。新型职业农民是新型农业经营主体的重要人力资本输出，新型农业经营主体的带头人也可以通过培训成为新型职业农民主要的来源，二者在人力资本方面可以双向流动。但是二者在内涵上还是有很明显的区别。第一,新型职业农民更偏向于个体属性,而新型农业经营主体是一种偏向商品化生产的农业经营组织。第二,新型农业经营主体强调农业生产模式转型升级,新型职业农民更加强调涉农人员的职业化和稳定性,对"人"的关注度更高。

上述五个相关概念的具体特征见表 2-1。

表 2-1　　传统农民、职业农民、新型农民、新型农业经营
主体和新型职业农民特征对照

特征	传统农民	职业农民	新型农民	新型农业经营主体	新型职业农民
劳动力来源	具有农村户籍的全职农民和兼业农民	专业农户、农村经纪人、复转军人、初高中毕业生	职业农户、新型农业经营主体带头人	传统农户、返乡农民工、科技特派员、城市创业人群	传统农民、返乡农民工、农业相关专业毕业生、农业经营主体带头人
现代化程度	现代化程度低,小农思想和经验主义色彩浓	专业性较强、市场参与度较高、具备一定的职业观念	能适应现代化发展进程,接受新事物能力较强	现代化程度高,商品化程度深,市场参与度很高	现代化程度高,风险和市场意识强
目标取向	自给自足为主、商品化程度弱	以农业为终身职业、以农业为主要收入来源	以市场为导向获得收益	以商品化为导向,兼具社会服务和组织内互助功能	利用市场获得收益、具备基本的创新创业引领精神
社会地位	社会地位低、责任感不强	社会地位改善,职业精神强	社会地位进一步改善	具有法人地位,社会地位高	平等的社会地位,行业榜样
教育经历	受教育程度低、学习能力较差	受到专业化、职业化教育	良好的职业教育和培训	带头人普遍受到良好教育	学历较高,学习能力强,受到系统培训教育
自主性	被动参与农业活动、自主性差	自主性较强	自主性较强	自主性较强,法律约束力强	自主性强
稳定性	劳作不稳定,收入不稳定,职业不稳定	生产和收入较稳定、适应性较差	生产和收入较稳定、适应性强	生产和收入较稳定、组织成员构成可变动	生产和收入稳定、能根据市场和政策变化作出调整

二 理论基础

(一) 农业现代化理论

在西方国家中其实并没有农业现代化的概念,它是一个具有中国特色的用语。在20世纪50年代,人们普遍认为"农业现代化"就是实现"农业机械化"。到了20世纪60—70年代,人们对科学技术在农业生产中的广泛运用有了更多的认识,农业现代化被拓展为农业机械化、化学化、水利化和电气化。直到20世纪80年代,随着改革开放,我国学者对现代化的理解才从生产拓展到经营管理,大家认为农业现代化既是生产过程现代化,也是经营管理现代化。

当前学界普遍认可的定义是:"农业现代化就是用现代科学技术和生产手段装备农业,以先进的科学方法组织和管理农业,提高农业生产者的文化和科技素质,把落后的传统农业逐步改造为既具有高度生产力水平,又能保持和提高环境质量持续发展的现代农业的过程。"[①] 农业现代化主要包括以下内容:

(1) 农业生产手段现代化。农业生产手段主要包括生产工具和基础设施等物质装备条件,其现代化涵盖了农业机械化、水利化、电气化以及园林化等。

(2) 农业生产技术现代化。科学技术是第一生产力。农业生产技术现代化就是传播和采用现代农业科学技术,并用其指导和发展农业,其内容主要包括品种良种化、生产化学化和改革耕种技术。

(3) 农业劳动者现代化。劳动者是生产力中最活跃的因素。农业劳动者的现代化包括农业劳动者的知识文化水平的提高、农业科技素质的提升、农业生产和经营思想观念的转变。现代农业要求劳动者具

---

① 转引自毛飞、孔祥智《中国农业现代化总体态势和未来取向》,《改革》2012年第10期。

有较高的文化和科技素质,掌握先进的现代农业生产技术和管理知识,具有开拓进取精神,树立科技意识、市场意识、竞争意识和法律意识。

(4)农业组织管理现代化。农业组织管理现代化主要包括农业产业组织方式、手段的现代化和农业经营管理的科学化两方面内容。

农业现代化理论对新型职业农民培育的主要启示是:在传统农业向现代农业转型期,农业生产要素投入增长迅猛,机械化和专业化水平不断提高,因此对农民的素质要求随之提升。现代农业技术含量提高,迫切需要懂技术、善经营的新型职业农民。现代农业发展的希望在于培育众多年轻、高素质并乐于从事农业相关工作的新型职业农民。新型职业农民的培育集中体现了实现农业现代化的基本要求,既有利于提高农业生产力水平,又能保持农业的可持续发展。因此,大力培育新型职业农民是实现农业现代化的有效途径。

(二)人的全面发展理论

人的全面发展思想提出是有时代背景的。18世纪到19世纪,资本主义得到前所未有的发展,但工具理性产生的负面效应开始显现,体现在人的发展上有:一是由于劳动分工细化,尤其是在机器化大生产条件下,人成为局部劳动的工具;二是整个社会都在追求经济利益,带来了社会阶层的不平等发展。马克思和恩格斯提出共产主义必然是每个人都能全面而自由发展的一种社会形式。毛泽东思想进一步将马克思、恩格斯关于人的全面发展思想与中国客观实际相结合,为当代中国人寻求一条具有中国特色的全面发展道路做出了可贵的现实性探索。事实上,建设中国特色社会主义的本质,可以说就是要实现人的全面发展,邓小平对此有独到的见解。他将人的全面发展具体归纳为"四有":有理想、有道德、有文化、有纪律,并提出了相应的实现手段和措施。

人的全面发展问题在世纪之交成为社会主义理论创新中的一个焦点。江泽民同志在2001年"七一讲话"中明确指出人的全面发展是社会主义社会的本质要求。以胡锦涛同志为总书记的党中央又先后提出"以人为本""科学发展观""构建社会主义和谐社会"等系列创新理论。特别是党的十八大以后，我们党的事业发展进入一个非常重要的全面建成小康社会阶段，以习近平同志为核心的党中央提出"中国梦""四个全面战略布局""主动引领经济新常态"等，将中国特色社会主义理论与实践创新中的人的全面发展理论提到了一个前所未有的新高度。党的十九大报告则把"不断促进人的全面发展"列入新时代中国特色社会主义思想的重要内容。

人的全面发展包括"人的需要的全面发展""人的素质的全面发展"和"人的本质的全面发展"，归根到底是由人的本质的全面发展所决定。具体而言，人的全面发展有五大方面：人民的"业"、人民的"声"、人民的"情"、人民的"根"、人民的"未来"[1]。马克思主义认为，人的本质"在其现实性上，它是一切社会关系的总和"[2]。因而，人的全面发展的本质在于人的社会属性和社会关系、社会性需要和精神需要、社会素质和能力素质的全面发展[3]。人的全面发展是当代人类文明发展的客观趋势，是中国特色社会主义现实进程的客观要求，也是中国特色社会主义根本价值之所在。

人的全面发展理论对新型职业农民培育的主要启示是：目前我国农民的发展处于滞后状态，根本原因在于没有以全局的眼光和全面发展的视角去分析，而是往往将农民发展归于经济问题，对制约农民发展的生产力因素、科技因素、人文道德因素、生态环境因素、体制机制因素等没有给予应有的重视。根据人的全面发展理论中"需要""素质""本质"三者全面发展的原则，新型职业农民的培育应是全方

---

① 常修泽：《"不断促进人的全面发展"蕴含人类文明价值》，《经济日报》2017年11月24日。
② 《马克思恩格斯选集》第一卷，人民出版社1995年版，第56页。
③ 赖海燕、陆建平：《新课程改革的理论基础：马克思关于人的全面发展理论》，《江西教育》2005年第23期。

位的。新型职业农民首先需要掌握先进的农牧业实用技术，提高人力资本水平，更好地适应现代农业发展的要求；其次需要改变传统观念，树立市场竞争意识，在思想上做到与时俱进；最后还需要重视精神文明建设等。人的全面发展理论要求培育新型职业农民时统筹兼顾上述各方面因素。

（三）人力资本投资理论

20世纪60年代，美国著名经济学家西奥多·舒尔茨提出人力资本概念，受到经济学界广泛关注。英国著名经济思想史学家马克·布劳格为此曾高度赞扬人力资本理论是观念上的创新与突破。尽管该理论初期的系统阐述者是西奥多·舒尔茨，但把"人力资本投资理论"及其在人类行为分析中进行丰富运用则是由加里·贝克尔开创的。贝克尔的《人力资本》被西方学术界认为是"经济思想中的人力资本投资革命的起点"。

人力资本投资是指提高人力资源素质，使人力资源掌握必要的文化知识、技能水平所进行的投资，其主要投资方式包括学校教育、培训、医疗保健、迁移等。人力资本投资的最终目的是提高人力资源的使用效率并带来可观的经济效益。因此，人力资本投资具有如下特点：

（1）投资者与受益者非完全一致性。人力资本投资与物质资本投资不同，由于人力资本投资的主体可以分别是政府、社会、企事业单位、家庭、个人，亦可以是上述五个主体或多个主体的共同投入，但最终投资者从中受益可能与投资相比会产生差异，并不存在谁投资谁受益的明确对应关系。

（2）投资收益的长期性与滞后性。一般而言，最初的人力资本投资要经过较长时间才能得到收益。如学校教育需要多年积累，在少年期间的教育投资，可能需要经过一二十年才能体现出来，这就是人力资本投资收益的滞后性。但人力资本投资见效后，又能产生长期的收益，因为人力资本能够长期使用。

（3）不同方式的人力资本投资存在着效益的差异。不同的投资方式，其投资效益存在着明显的差异，不仅表现在收益的大小上，也表现在收益回收期和收益持续期的长短上。如人力资本流动投资的收益见效就远远快于卫生保健和教育培训投资。

（4）人力资本投资具有倍增效应。人力资本投资将会提高人力资源的知识和技能，提升人力资本存量，带来显著的收益。舒尔茨对美国1900—1957年的物质资本和人力资本投资收益比较发现：此阶段，美国人力资本投资收益率居然是物质资本投资收益率的5倍。与物质资本投资相比，人力资本投资具有更高效益。

（5）人力资本投资收益具有递增效应。虽然物质资本投资存在收益递减规律，但是人力资本投资却具有收益的递增效应。因为人力资本投资会形成专业化的知识，从而带动其他要素产生递增收益，保证经济的长期增长。

（6）人力资本投资效益具有多样性。人力资本投资所产生的效益是多样的，不仅能增加人力资源的知识和技能，给投资主体带来明显的经济效益，而且能普遍提高国民素质、改变人们的精神面貌，产生巨大的社会效益。人力资本投资对于促进经济的发展和人类社会的进步意义深远。

人力资本投资理论对新型职业农民培育的主要启示是：当前我国农村人力资本投资的问题主要包括两个方面，一是农民受教育程度低，影响农业现代化进程；二是农村医疗健康投入低，公共卫生水平低下。舒尔茨曾指出：改进穷人福利的关键因素不是空间、能源和耕地，而是提高人口质量和知识水平；农民所受的教育是解释农业生产的一个重要变量，而且按成本和收益来看，这是一项非常有利的投资。新型职业农民的培育当然也不例外，我国政府可以考虑在财政支出中专门设立新型职业农民培育基金，通过制度化方式落实培育资金，通过多样化的教育培训、医疗保健等，提高农民的科学文化水平及知识技能素养，提升获取信息的能力，保障新型职业农民的身体健康，延长农民的预期工作年限，从而提高劳动力质量和农业生产力，促进我国传统农业向现代农业的转变，并对我国全面建成小康社会具有重要意义。

（四）公共产品理论

公共产品理论是公共经济学的核心理论，其研究最早起源于大卫·休谟的《人性论》一书。但是休谟仅指出公共消费物品存在于具有利己性的人之间，只分析了公共产品生产和消费过程中存在的问题。亚当·斯密在《国富论》中则明确指出了公共产品的性质和供给问题，分析了提供方式及公平性等问题。之后，约翰·斯图亚特·穆勒对灯塔的分析成为公共产品的经典案例之一，他认为政府应当完善公共基础设施、确保人们生命和财产的安全、兴办初等教育等，承担起其应有的职责。早期学者对"公共产品"这一概念的使用是不同的，理论界没有形成关于公共产品及其基本特征的统一定义。直到1954年，萨缪尔森的《公共支出的纯理论》一书问世，确立了"公共产品"的经典定义。他立足于消费的视角，指出倘若每个人都消费该产品，但是却没有减少其他人对该产品的消费，那么该产品就是公共产品。而且他还利用个人消费和总消费关系的方程进行分析，使得公共产品和私人产品的区别清晰明了。

公共产品是政府为满足全体社会成员共同需求而提供的产品和劳务。纯粹的公共产品应同时具有两个基本特征：非排他性和非竞争性。公共产品是实现资源配置优化、增进社会福利所不可或缺的，然而在实际中，纯粹的公共产品非常稀少，通常由政府提供公共产品较多。由于公共产品与外部效应紧密联系，在市场机制下存在着产权明晰条件下的自发交易、社会制裁等纠正外部效应的途径，虽然其作用有限，但是政府通过提供公共产品能有效地纠正外部效应，克服市场失灵问题。随着时代的进步和社会经济的发展，各国政府愈发重视公共产品理论的应用，力求充分发挥公共产品效用，达成社会和谐稳定。

公共产品理论对新型职业农民培育的主要启示是：20世纪90年代以来，发展中国家的农村公共产品供给水平逐渐受到学者们的广泛关注。洛佩斯指出，农村公共产品投资力度小，以及供给数量不足是导致农村发展缓慢的重要原因[①]。从公共产品理论的角度来看，做好新型职业农民的培育工作，需要处理好以下两点：一是政府提供系统的学习环境。农民接受系统全面的农业教育，离不开政府扶持和专门的教育培养。在系统全面的培养体制下培育的新型职业农民，不仅有利于满足农业现代化要求，还将有利于中华农耕文化传承与中国农业后继者的培养。二是进一步加大农业基础设施建设的投入。经济新常态下，我国农民增收遇到瓶颈，靠农民自身力量很难解决，此时国家增加农业投资，进行较大规模农业基础设施建设，是促进农民增收与发展的有效途径。例如农田水利设施配套较差，抵御自然灾害能力低下，导致农民收入受限，根据公共产品理论，需要政府加大基础设施建设投入，建设和改造灌排工程，降低灾害影响，帮助农作物增产，实现农民增收，从而有利于新型职业农民的发展和加快农业现代化步伐。

三 理论启示

（一）新型职业农民的本质特征

总体来看，新型职业农民有着独特的本质特征，主要表现为：第一，新型职业农民以务农为终身职业，对发展现代农业充满热情，

---

① Lopez, Ramon, Under-investing in Public Goods: Evidence, Causes, and Consequences for Agricultural Development, Equity, and the Environment, *Agriculture Economics*, 2005, 32 (1), pp. 211-224.

是实现农业现代化的主要力量。第二，新型职业农民是追求全面发展的个体，具有一定的农业生产经营技能，并取得新型职业农民资格证书。第三，新型职业农民具有资本再生能力和创新精神，人力资本积累受个体、家庭及社会人力资本投资的影响。第四，新型职业农民是经济理性人，具备分享社会平均收益和享有同等的社会地位的意愿和潜能。

（二）新型职业农民培育理论分析的初步框架

新型职业农民培育是一个复杂的系统工程，其理论分析可根据经济学研究的逻辑起点——供给与需求，来设计一个初步的理论分析框架（图2-1）。

（1）从供给的视角看，要讨论清楚为什么要培育新型职业农民？新型职业农民的身份特征与家庭特征是怎样的？新型职业农民培育现状与问题等。

（2）从需求的视角看，要讨论清楚要培育什么要求的新型职业农民？数量大概是多少？其农业生产效率与效果可能是怎样的？需要什么样的配套支持政策？等等。

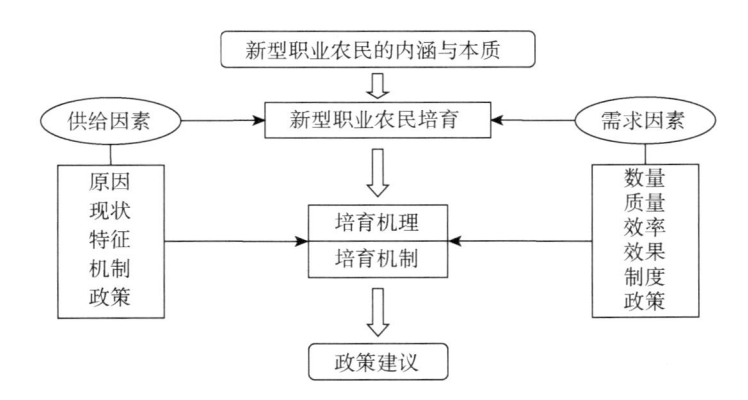

图2-1 新型职业农民培育理论分析的框架

因此，在对新型职业农民概念与内涵进行分析后，后续理论研究中，不仅要对新型职业农民现状及培育进行调查，而且要深入研究新型职业农民的制度供给原因、个体与群体的形成机理以及培育机制，从而为制定新型职业农民培育政策提供充足的理论依据。

第二节 新型职业农民培育问题国内外文献综述

一 国内研究现状

随着新型城镇化的推进，从事农业相关工作的人口总量不断下降，农业的兼业化和老龄化现象十分严重，破解"谁来种地，怎么种地"的难题显得尤为迫切。2012年中央一号文件提出，要以加快推进农业科技创新保障农产品供给，重点解决农业生产力发展的问题，并首次正式提出要大力培育新型职业农民；2013年中央一号文件则明确指出，要发展现代化农业，就必须加强农业经营体制机制创新，完善农业生产关系，并进一步强调了农业职业教育和职业培训的重要性。培育新型职业农民、支撑现代农业发展，是我国未来一段时期农业发展的大计，所以国内许多学者都围绕新型职业农民培育开展相关的研究。

（一）新型职业农民培育意义研究

培育新型职业农民，有利于我国加快解决"三农"问题。马乙玉强调，随着我国城镇化步伐的加快，大批农民转移到了城镇，有必要对农民进行职业培训[1]。陈正华认为农业生产中最活跃的因素就是劳动力，培育新型职业农民队伍是确保农业后继有人和发展现代农业的战略选择[2]。胥璐等阐述了农业人口老龄化对我国农业发展和粮食安

---

[1] 马乙玉：《农民工培训：职业教育面临的机遇与对策》，《淮北职业技术学院学报》2005年第1期。

[2] 陈正华：《新型职业农民培训理论与机制》，《高等农业教育》2013年第5期。

全的威胁，认为需要培育职业农民应对农业人口老龄化危机[①]。陈池波、韩占兵提出在短期内可以把农民兼业化作为缓解"农民荒"问题的有效手段，但是在以后相当长的时期，应积极通过新型职业农民培育，化解农业接班人危机[②]。徐新林[③]、王金华[④]分别从我国农村劳动力整体素质不高和农业劳动力断层的角度，阐述了新型职业农民培育对于建设社会主义新农村的积极影响。王秀华则强调培养大批新型职业农民是我国应对农业过渡转型和实现现代化发展的关键[⑤]。周一波、储健认为农业的现代化离不开农民的职业化，培养新型职业农民，成为发展现代农业不可或缺的条件[⑥]。李华锋认为培育新型职业农民对于发展现代农业、建设社会主义新农村、促进农村"三个文明"协调发展，推进"四化"同步发展有着重要意义[⑦]。

上述研究表明，新型职业农民的培育，是缓解我国"三农"问题的有效举措，尤其是对社会主义新农村的建设和农业现代化的实现具有重要意义，加速推进新型职业农民的培育工作，势在必行，意义深远。

（二）新型职业农民的内涵和特征研究

新型职业农民的内涵与特征，一直都是学者们研究和争论的焦点。程伟、张红首先从职业农民的内涵界定、国家政策演进、培养模式及

[①] 胥璐、李宏伟、屈锡华：《人口老龄化对农业发展的影响与对策》，《宏观经济管理》2013年第1期。
[②] 陈池波、韩占兵：《农村空心化、农民荒与职业农民培育》，《中国地质大学学报》2013年第1期。
[③] 徐新林：《培养新型农民——新农村建设的基础工程》，《安徽农业科学》2006年第11期。
[④] 王金华：《浅析农业劳动力断层对社会主义新农村建设的影响》，《现代农业科技》2007年第5期。
[⑤] 王秀华：《新型职业农民教育管理探索》，《管理世界》2012年第4期。
[⑥] 周一波、储健：《培养新型职业农民的途径及政策保障》，《江苏农业科学》2012年第12期。
[⑦] 李华锋：《中国新型职业农民培育浅析及对策研究》，《世界农业》2014年第11期。

培养路径选择等方面进行了论述,对国内新型职业农民的研究做了一个全景式把握①。胡林招对新型职业农民概念的界定、途径、培育现状等进行了具体分析②。马万顺对新型职业农民教育培训的几个相关概念进行了界定,提出了新型职业农民培训的工作思路③。李文忠、常光辉从新型职业农民的定义和分类出发,阐述了新型职业农民的基本内涵④。曾一春则强调要准确把握新型职业农民的内涵,完善新型职业农民培育的制度设计⑤。另外,魏学文、刘文烈认为新型职业农民作为新一代农民,应该有着较高的收入水平和社会地位⑥。张新民、韩占兵利用调查数据,实证分析了新生代农民的特征和利益诉求,论证了新生代农民应该是建设现代农业的主体⑦。管学彦等通过对"新型职业农民"与"传统农民"的对比,对当前"新型职业农民"的关键内涵进行了界定⑧。

上述研究表明,"新型职业农民"比"传统农民"拥有更明显的优势,特征鲜明,尤其是整体素质都较高,加强扶持和培育,新型职业农民将会成为我国未来农业发展的主力军。

(三) 新型职业农民培育的现状研究

对于我国新型职业农民培育的现状,国内很多学者做了大量研究。如闫志利、蔡云凤将1949年以来的农民培训事业发展过程分为

---

① 程伟、张红:《国内有关职业农民研究的综述》,《职业技术教育》2012年第22期。
② 胡林招:《新型职业农民培育问题研究》,《广东农业科学》2014年第7期。
③ 马万顺:《新型职业农民教育培训刍议》,《职教论坛》2014年第3期。
④ 李文忠、常光辉:《新型职业农民就业能力培养体系的建立研究》,《甘肃农业》2013年第22期。
⑤ 曾一春:《培育新型职业农民需完善制度设计强化配套政策》,《农村工作通讯》2012年第9期。
⑥ 魏学文、刘文烈:《新型职业农民:内涵、特征与培育机制》,《农业经济》2013年第7期。
⑦ 张新民、韩占兵:《新生代农民的利益诉求与新型职业农民培育》,《职教论坛》2014年第4期。
⑧ 管学彦、綦延辉、范复旺:《培育新型职业农民的探索与实践》,《现代教育》2014年第1期。

四个阶段,即大众扫盲教育、建立农技推广体系、构建多元培训体系、培育新型职业农民[1]。王迎春等针对目前大量农民外出务工所引起的"农民断层"的实际问题,论述了我国农村农业生产的劳动力资源呈现出结构性短缺的特征[2]。汪发元、邓娜根据调查发现,农业创业培训对农民创业成功具有重要的促进作用,农民对培训内容具有多样性需求[3]。还有学者从宏观视角展开研究,如吕廷虎、陈文静要求从战略上认识新型职业农民培育问题,改造中国传统农民,培育新型职业农民,加快构建"多予少取、放活培育"四位一体的政策体系[4]。王建华、李辉认为我国的农业现代化要建立在家庭经营的制度框架内,对农户的生产经营方式进行改造是实现农业现代化的重要途径[5]。

(四)新型职业农民培育面临的问题研究

目前,我国的新型职业农民培育工作已经广泛开展起来,但是在开展过程中也面临着一些问题,学者们做了深入的研究。张祺午发现我国农村面临着农民数量减少、农民结构失衡、农民综合素质较低、农业生产后继乏人等问题[6]。汪发元等认为我国农村劳动力的老龄化严重,文化水平偏低,对于农村人力资源的开发,不能再沿用传统的科技培训班的做法[7]。吕佳提出我国的新型职业农民培育,

---

[1] 闫志利、蔡云凤:《新型职业农民培育——历史演进与当代创新》,《职教论坛》2014年第19期。
[2] 王迎春等:《我国"农民断层"问题的现状及其原因》,《中国农业资源与区划》2013年第6期。
[3] 汪发元、邓娜:《农民创业培训教育需求调查分析——以湖北省江汉平原为例》,《高等农业教育》2013年第4期。
[4] 吕廷虎、陈文静:《培育新型职业农民是重大战略》,《继续教育研究》2014年第6期。
[5] 王建华、李辉:《农业家庭经营的现代化发展路径探析》,《农业现代化研究》2014年第3期。
[6] 张祺午:《新型职业农民培养破困前行》,《职业技术教育》2013年第24期。
[7] 汪发元、刘在洲、樊帆:《农村人力资源现状与开发途径探讨》,《农村经济》2006年第6期。

存在着农民素质水平较低、农业劳动力结构失衡、培育过程不科学等问题①。刘宇也认为目前我国农民素质与新型职业农民的标准还存在一定的差距②。汪发元对中外农业经营主体进行比较后认为，我国的农业经营主体是传统的家庭分散经营，农民合作组织联合程度低、户数多、规模小、效益低③。高杰、王蔷认为我国的新型职业农民培训，普遍存在培训对象选择有偏差、培训内容针对性不强、培训资源供需不对称等问题④。易阳、董成通过对湖北省新型职业农民培训需求调研和实证分析，发现农业经营主体参与培训意愿强烈，注重培训内容的实用性，对培训形式需求具有多样性⑤。李俏、李辉认为当前职业农民培育存在着培训规划不符合地方农村发展实际、培训方式不符合农民生产习惯、培训内容与农民需求脱节等问题⑥。

上述研究表明，新型职业农民培育是一个复杂的工程，学者们根据我国农业的发展现状，从多个视角分析了新型职业农民培育工作中存在的一些问题，尤其是培训工作，由于农民文化素质较低及一些外在条件的约束，培训的效果不是特别理想，培训的内容和培训的方式等都有需要改进的地方。

（五）新型职业农民培育中的困难研究

对于新型职业农民培育所面临的困难，有一部分学者认为，优化整体的社会环境，进行相应的制度设计才是难点所在。沈红梅等提出

---

① 吕佳：《基于现代农业视角的新型职业农民培育问题研究》，《湖北农业科学》2015年第4期。
② 刘宇：《新型职业农民培育体系建设的探讨》，《农业经济》2013年第6期。
③ 汪发元：《中外新型农业经营主体发展现状比较及政策建议》，《农业经济问题》2014年第10期。
④ 高杰、王蔷：《精准瞄准、分类培训、按需供给：四川省新津县新型职业农民培训的探索与实践》，《农村经济》2015年第2期。
⑤ 易阳、董成：《湖北省新型职业农民培训需求调查分析》，《湖北农业科学》2014年第14期。
⑥ 李俏、李辉：《新型职业农民培育：理念、机制与路径》，《理论导刊》2013年第9期。

受众群体弱质化和劳动力城乡流动的市场非均衡化是培育新型职业农民的主要困难①。郭智奇、齐国认为新型职业农民需要更好的培育环境，政策的跟进和制度安排的完善困难重重②。沈红梅等认为培育机制缺乏科学设置与规范，外部社会环境的制度缺陷，是培育新型职业农民的困难所在③。朱启臻、闻静超认为新型职业农民的成长需要特定的社会环境，包括新型城乡关系、土地流转制度、尊重农民的社会心理环境以及提供完善的教育服务等内容④。张胜军等认为新型职业农民培育公益性的实现，正面临着组织困难、培育能力不足、制度建设滞后等现实困境⑤。另外，还有部分学者从微观角度研究了具体化的困难。朱启臻强调新型职业农民培育需要有特定的载体，而最理想的载体是家庭农场⑥。要想培育更多的职业农民，就迫切需要提供必要的社会条件。郭锦墉等研究发现，农民工职业流动性存在代际差异，新生代农民工职业流动性明显大于老一代农民工，这就加大了培训开展和管理的难度⑦。汪发元、罗昆发现，新型职业农民在培育的过程中，资金缺乏是其面临的最大困难，另外在少数地方，技术因素也是影响新型职业农民培育效果的重要因素⑧。黄祖辉、俞宁调查发现，新型农业经营主体在融资、土地获得、服务体系、政策效率、后继人

---

① 沈红梅、霍有光、张国献：《新型职业农民培育机制研究——基于农业现代化视阈》，《现代经济探讨》2014 年第 1 期。
② 郭智奇、齐国：《培育新型职业农民问题的研究》，《中国职业技术教育》2012 年第 15 期。
③ 沈红梅、霍有光、张国献：《新型职业农民培育机制研究——基于农业现代化视阈》，《现代经济探讨》2014 年第 1 期。
④ 朱启臻、闻静超：《新型职业农民的成长需要特定环境》，《农村工作通讯》2012 年第 7 期。
⑤ 张胜军、黄晓赟、吕莉敏：《新型职业农民培育的公益性及其实现策略》，《职教论坛》2014 年第 19 期。
⑥ 朱启臻：《新型职业农民与家庭农场》，《中国农业大学学报》2013 年第 2 期。
⑦ 郭锦墉等：《农民工职业流动性代际差异分析——基于江西省农民工调研数据》，《农业技术经济》2014 年第 10 期。
⑧ 汪发元、罗昆：《平原和山区新型农业经营主体成长的困难及愿望比较分析——以湖北省 10 个农业创业培训基地培训班学员为例》，《学术论坛》2014 年第 7 期。

才等方面仍存在困难和挑战①。

上述研究表明，我国新型职业农民培育主要面临社会制度和社会环境支持力度不够的困难，需要进一步优化制度环境、社会环境，形成多方合力，共同推进新型职业农民的培育工作。

（六）培育新型职业农民的影响因素研究

新型职业农民培育工作正如火如荼地进行，影响培育的因素也是很多学者研究的重点。曾福生、夏玉莲利用模型对农地流转与新型农民培育之间的关系进行实证分析，认为农地流转有效推动了新型农民的培育，农地流转在短期内表现出积极的文化效益与技术效益，而长期内则表现为积极的技术效益和经营效益②。朱奇彪等系统分析了新型职业农民的样本特征、产业发展概况及其相关变量影响因素，认为影响农业产业发展最主要的因素是农业生产技术、劳动力成本和政府的项目支持，而影响农民农业纯收入最主要的因素是新种养技术的采纳、新品种推广和经营管理水平等，而农民的收入状况则最终会影响农民参与培训的意愿和效果③。王佳、余世勇采用Probit模型分析影响农户参加新型职业农民培训意愿的主要因素，发现家庭因素对农户参加新型职业农民培训的意愿存在显著影响，其中农民的年龄对农民的培训意愿影响最为显著，家庭规模次之，受教育年限第三④。朱奇彪等实证分析了种植业新型职业农民参与培训的意愿及影响因素，结果表明性别、文化水平、收入结构、培训对收入提高率的感知、对政府培训补贴率的感知以及外部环境对技能要求的感知等因素，对新型

---

① 黄祖辉、俞宁：《新型农业经营主体：现状约束与发展思路——以浙江省为例》，《中国农村经济》2010年第10期。

② 曾福生、夏玉莲：《农地流转与新型农民培育研究——基于多项式分布滞后模型的实证分析》，《农业技术经济》2014年第6期。

③ 朱奇彪、米松华、杨良山：《新型职业农民及其产业发展影响因素分析——以浙江省为例》，《科技通报》2013年第11期。

④ 王佳、余世勇：《农户参加新型职业农民培训意愿的影响因素分析——基于重庆市683份农户问卷调查的实证研究》，《西南农业大学学报》2014年第1期。

职业农民参与技能培训的意愿具有十分显著的影响①。金胜男等运用 Logistic 回归模型实证分析了农场生产经营型农民参加职业培训的意愿及其影响因素，结果表明：愿意参加培育的生产经营型职业农民比例高于不愿意参加培育的农民，且农民的性别、年龄、教育水平、农业技术水平以及家庭收入等因素明显影响农民参加新型职业农民培训的意愿②。

上述研究表明，新型职业农民的培育工作，离不开政府的大力扶持，但是农民自身的文化水平、家庭收入的高低等个体或家庭因素对于培训意愿和培训效果都有明显的影响。

（七）培育新型职业农民的方法研究

对于培育新型职业农民的方法，学者们众说纷纭，各抒己见。陈胜祥、刘雅晶提出，培育新型职业农民须谨防"新型职业农民更具经济理性、一定要从事大农业、培训就是培育"的偏见③。陈小英对农民工培训市场的供需失衡现状进行深入分析，认为在培训的供给方面，第三方组织完全可以有所作为，弥补政府和市场的双重失灵④。

有一部分学者提出从制度设计和发展模式方面推动新型职业农民的培育工作，如蔡昉认为在劳动力出现短缺的新情况下，应该加快户籍制度及其相关制度的改革，防止农村劳动力的短缺和老龄化⑤。蒋和平、张忠明强调职业农民的言传身教是行之有效的，应该建立起合理有效的示范带动机制⑥。张海涛等结合国内外职业农民培育的先进模式和方法，提出在社会主义新农村建设中建立新型农民培育长效机

---

① 朱奇彪等：《新型职业农民参与技能培训的意愿及影响因素研究——基于规模种植业农户的实证分析》，《浙江农业学报》2014 年第 5 期。
② 金胜男、宋钊、常丽博：《生产经营型新型职业农民培育的意愿及影响因素研究——以黑龙江农场农户数据为例》，《现代农业科技》2015 年第 6 期。
③ 陈胜祥、刘雅晶：《阐释新型职业农民培育需谨防若干偏见》，《职教论坛》2014 年第 1 期。
④ 陈小英：《农民工培训供需失衡分析与思考》，《中南财经政法大学研究生学报》2006 年第 1 期。
⑤ 蔡昉：《破解农村剩余劳动力之谜》，《中国人口科学》2007 年第 2 期。
⑥ 蒋和平、张忠明：《诱人的职业：新型职业农民》，《中国经贸导刊》2012 年第 8 期。

制的建议①。车明朝强调加快发展农村职业教育体系建设，加强农村职业院校师资队伍建设和培养②。曾一春则认为要抓紧制度顶层设计，明确培养对象，建立和完善教育培训体系③。童洁、李宏伟认为新型职业农民的培育应该从专业化、产业化和组织化三个方向展开，要建立和完善有利于新型职业农民培育的经济体系④。赵帮宏等提出新型职业农民培训模式选择应考虑到各方面因素，并按照经济区域、产业领域和培训目标选择具体的培训模式⑤。邓娜、汪发元对农业创业培训效果进行调查分析，提出应当完善培训模式，加强培训团队建设，健全绩效考核机制，不断实践和完善农业创业培训模式⑥。

也有部分学者从政府的角度出发，为新型职业农民的培育寻找新的出路和方法，提出整合资源、构建平台和基地、增强扶持力度等观点。刘亚萍强调政府应对农民培训资源进行整合，提高农民培训资源的使用效率⑦。石骏则认为政府应该搭建政校合作培养新型职业农民的平台和网络，建立多形式、多层次的农村综合服务基地⑧。刘建兰提出政府应该将职业化农民教育培训平台，作为职业化农民教育培训主体进行建设，创建教育培训基金，维持平台良性可持续运转⑨。米

---

① 张海涛、章洁倩、赖运生：《新农村建设中新型农民培育长效机制研究——以江西为例》，《职教论坛》2010年第10期。
② 车明朝：《强化农村职业教育公益性质 加快培养新型职业农民》，《中国职业技术教育》2013年第25期。
③ 曾一春：《完善制度设计、强化实践探索——关于培育新型职业农民的几点认识》，《农机科技推广》2012年第7期。
④ 童洁、李宏伟：《我国新型职业农民培育的方向与支持体系构建》，《财经问题研究》2015年第4期。
⑤ 赵帮宏、张亮、张润清：《我国新型职业农民培训模式的选择》，《高等农业教育》2013年第4期。
⑥ 邓娜、汪发元：《农业创业教育培训不同模式效果比较分析》，《湖北农业科学》2014年第18期。
⑦ 刘亚萍：《整合政府农民培训资源的路径分析》，《湘南学院学报》2007年第6期。
⑧ 石骏：《农民专业合作社视域下的新型职业农民培养研究》，《教育理论与实践》2013年第15期。
⑨ 刘建兰：《职业化农民教育培训平台建设意义和思路》，《农业科技管理》2010年第5期。

松华等强调抓好培育对象、创新培训内容、强化激励机制是现阶段我国新型职业农民培育的关键①。陈蓓蕾、童希举则从地方政府的角度出发，提出了促进新型职业农民培育的对策②。

此外，还有部分学者对具体的培训方式进行了研究，主张发挥远程教育优势。戴起伟论述了江苏省当前农村现代远程教育平台建设的目标、现状和主要优势③。许浩也主张发挥远程教育优势，培育新型职业农民，构建体现终身学习理念的新型职业农民培育体系④。汪发元等认为创业培训课程设置必须突出特点，设立特色技术课，增加创业基地考察时间，加大信息交流力度⑤。金玲等提出基层农广校应坚持"四头并举"，确保培训效果⑥。

最后，还有少许学者提出了一些综合性的建议。吕莉敏提出从政策扶持、法律保障、资金支持、制度安排、体系设计五个方面来保障新型职业农民培育工作⑦。胡小平、李伟认为要确保新型职业农民的来源和政府的财政支持，并要出台相配套的法律法规，优化新型职业农民的社会成长环境⑧。张红在分析当前农民职业分化现状的基础上，指出新型职业农民的培育，应主要围绕科学文化素质、现代农业生产

---

① 米松华、黄祖辉、朱奇彪：《新型职业农民：现状特征、成长路径与政策需求》，《农村经济》2014 年第 8 期。
② 陈蓓蕾、童希举：《地方政府促进新型职业农民培育的思路与对策》，《贵州农业科学》2013 年第 6 期。
③ 戴起伟：《现代农村远程教育与农民培训》，《农业图书情报学刊》2008 年第 1 期。
④ 许浩：《培育新型职业农民：路径与举措》，《中国远程教育》2012 年第 11 期。
⑤ 汪发元、罗昆、孙文：《农业创业培训教育课程设置现状与优化分析——以湖北省农业创业培训为例》，《高等农业教育》2014 年第 11 期。
⑥ 金玲、陈冬、朱凤雷：《对新型职业农民培训的思考》，《现代农业科技》2013 年第 22 期。
⑦ 吕莉敏：《基于新型农业现代化发展——培养新型职业农民》，《中国职业技术教育》2013 年第 30 期。
⑧ 胡小平、李伟：《农村人口老龄化背景下新型职业农民培育问题研究》，《四川师范大学学报》2014 年第 3 期。

技能、职业意识三大方面展开①。杜巍提出了五条建议：制定扶持政策、建立健全教育培训制度、加强认定管理、聚集职业化培育的社会资源、设立培育建设专项②。此外，还有部分学者从培育路径的创新角度提出了自己的观点，如张亮等提出开展农民培训工作的有效路径，就是要适应农业现代化和城镇化的外部环境要求和职业化农民内在发展需求③。苏华则强调新型职业农民的培育要创新，特别是对新型职业农民的培育模式和培育手段的主动创新④。在培育新型职业农民的实践探索中，创新培育方式，坚持多层次、多渠道、多形式，以满足农民的多样化需求。

上述研究表明，做好我国的新型职业农民培育工作，首先要创造好的制度环境，尤其是制度的设计和发展模式的设定；其次，政府要加大投入和扶持力度，构建平台，创造和提供支持条件；最后，要有创新思维，并加快相关法律的制定和完善。

（八）新型职业农民培育的国际经验研究

有部分学者主张借鉴国外新型职业农民的培育经验。张宏丽、郭英总结了国外农村剩余劳动力转移方式，从劳动力的群体转移和个体转移两个角度出发提出我国农村剩余劳动力转移的方法⑤。王辉、刘冬主张借鉴美国农业职业教育与培训发展历程中的成功经验，着力提升新型职业农民培养的立法与财政支持；在全国范围内推动"送教下乡"与"振兴农教"两大系统工程；力争实现新型职业农民教育与培

---

① 张红：《农业现代化进程中新型职业农民的培育研究——基于关中杨村的调查》，《西北人口》2013年第2期。
② 杜巍：《湖北省新型职业农民培育调研分析及对策》，《湖北农业科学》2014年第17期。
③ 张亮、张媛、赵邦宏：《河北省农民培训的有效路径：培育新型职业农民》，《保定学院学报》2013年第2期。
④ 苏华：《培育新型职业农民贵在求"新"》，《中国发展观察》2014年第6期。
⑤ 张宏丽、郭英：《国外农村剩余劳动力转移理论研究综述》，《经济研究导刊》2010年第34期。

训体系的一体化①。李国祥、杨正周提出借鉴美国的做法，加强农民教育培训，改善农村生产生活条件，国家惠农强农富农政策多向新型职业农民倾斜②。史洁研究了美国职业农民培育的经验，建议政府完善农业教育体系、出台职业农民教育培训法规、建立职业农民准入制度等③。黄国清、滕平认为可以借鉴韩国"新村运动"中丰富的农民培训经验，结合我国农村实际，提出了培养新型农民、促进新农村建设的对策建议④。

上述研究表明，西方发达国家职业农民培育过程中的立法、财政、信贷等政策和措施对于我国新型职业农民培育具有一定的借鉴意义。

二 国外研究现状

不论是发达国家，还是发展中国家，有很多国外学者都结合本国农业发展问题，尤其是20世纪末以来，围绕农民职业培训开展了深入研究，致力于寻找更加合理有效的方式和方法，提升职业农民培训的效果，提高职业农民的综合素质，以推动本国农业的现代化发展。

（一）农民职业培训的作用研究

农民职业培训的意义和作用，一直都是国外学者研究的重点，学者们从不同角度进行了研究。Kilpatrick和Rosenblatt对培训的整体效果进行探讨，认为农业生产需要专门的农业培训工程，参加过专业培

---

① 王辉、刘冬：《美国农业职业教育与培训的经验与启示》，《中国人力资源开发》2014年第1期。
② 李国祥、杨正周：《美国培养新型职业农民政策及启示》，《农业经济》2013年第5期。
③ 史洁：《美国职业农民的培训教育体系研究》，《世界农业》2014年第12期。
④ 黄国清、滕平：《韩国农民培训的经验及对我国新型农民培养的启示》，《安徽农学通报》2010年第9期。

训的农民，比没有经过培训的农民，在获取农业科技知识及推动农业生产方面有显著的优势①。Noor 和 Dola 强调职业农民的成功，不仅需要扎实的专业知识，而且需要不断接受职业培训②。Messerli 和 Abdykaparov 对吉尔吉斯斯坦的研究发现：在发展中国家，发展参与式的农村职业教育与培训是推动农村发展的必要条件③。另外，Baharein 等重点研究了马来西亚兽医服务培训机构实行的对农民畜禽养殖的相关培训计划，结果表明：专业培训的效果很好，农民改进了农业技术，个人知识和技能也得到了提高④。在此基础之上，Baharein 和 Noor 进一步分析了马来西亚畜牧业农民在农场中的生产能力对绩效水平的影响，结果可以归纳为：提高工作质量、节约成本、节省时间、增加收入、提高农民的个人能力⑤。还有部分学者选择了其中的某一个方面或角度进行了更加具体的研究。基于生产过程的视角，尤其注意到农药使用的问题，Jörs 等对玻利维亚农民培训前后使用农药的情况进行对比分析，受过农民田间学校培养的农民个人，了解和使用生态替代品的数量增多，农药使用率降低⑥。Santi 等全面考察了菲律宾田间病虫害管理学校的培训对农户的作物产量、农药支出、化肥支出、利润产生的影响，农民参与培训后，杀虫剂的使用量明显降低，利润

---

① S. Kilpatrick, T. Rosenblatt, Information vs Training: Issues in Farmer Learning, *The Journal of Agricultural Education and Extension*, 1998 (5), pp. 39 – 51.

② Mohd Noor, Kamariah Dola, Investigating Training Impact on Farmers' Perception and Performance, *International Journal of Humanities and Social Science*, 2011 (6), pp. 145 – 152.

③ Siroco Messerli, Maksat Abdykaparov, Participatory Approaches in Developing Farmer Education and Community Ownership of Training in Kyrgyzstan, *Community Development Journal*, 2008 (3), pp. 341 – 357.

④ Khairul Baharein, Mohd Noor, Kamariah Dola, Assessing Impact of Veterinary Training on Malaysian Farmers, *Asia-Pacific Journal of Rural Development*, 2010 (10), pp. 33 – 52.

⑤ Khairul Baharein, Mohd Noor, Investigating Training Impact on Farmers' Perception and Performance, *International Journal of Humanities and Social Science*, 2011 (6), pp. 145 – 153.

⑥ Erik Jörs, Flemming Lander, Omar Huici, Do Bolivian Small Holder Farmers Improve and Retain Knowledge to Reduce Occupational Pesticide Poisonings after Training on Integrated Pest Management? *Environmental Health*, 2014 (13), pp. 2 – 9.

更高①。此外，还有一些学者认为，专业性的培训可以对农民的心理产生积极的影响。Gorman 等通过收集课程培训的相关数据，将课程的参与者分成重点小组进行了采访，认为心理健康培训提高了参与者的信心水平、增加了他们关于心理健康问题的知识，利益相关者和课程的参与者都认为这种类型的培训非常必要，也非常有益②。

上述研究从生产方式、生产成本、生产效益、个人素质等多个微观层面分析了农民职业培训的积极作用，但对整个农业的宏观作用研究不足。

（二）农业技术的选择与应用研究

一些学者对培训中农业技术选择及实践中的应用进行了探讨。Garcia 等在墨西哥中部高地，分析小规模奶牛养殖技术采纳和管理实践的变化，与农业结构和农民家庭特点之间的关系。研究发现，小农户规模不足，倾向于采用有直接利益的技术。推广者在技术推广活动中根据农民的不同需求、约束条件和动机变化，利用有效的组织沟通渠道实现推广目标③。Lencsés 等认为精准农业技术是最新的生产技术之一，他们在匈牙利农作物生产商中进行精确农业技术采用情况的调查，结果表明：精准农业技术的主要优点是对产量和可变生产成本都产生积极影响，但是对生产的现代化水平要求较高④。此外，Sajeev 等对农民和农村青年的培训需求现状进行研究分析，结果显示，农民寻求最大限度的农业系统综合知识训练，包括病虫害综合防治和水土保

---

① Sanglestsawai Santi, Rejesus Roderick, Yorobe Jose, Economic Impacts of Integrated Pest Management (IPM) Farmer Field Schools (FFS): *Evidence from Onion Farmers in the Philippines*, *Agricultural Economics*, 2012 (46), pp. 149 – 162.

② Hossain, D. Gorman, Eley, R., Coutts, J., Value of Mental Health First aid Training of Advisory and Extension Agents in Supporting Farmers in Rural Queensland, *Rural and Remote Health*, 2010 (10), pp. 99 – 116.

③ Galdino Martinez-Garcia, Carlos Ugoretz, Sarah Janes, Farm, Household, and Farmer Character-ristics Associated with Changes in Management Practices and Technology Adoption Among Dairy Smallholders, *Tropical Animal Health and Production*, 2015 (47), pp. 311 – 316.

④ Enikö Lencsés, István Takács, Katalin Takács-György, Farmers' Perception of Precision Farming Technology among Hungarian Farmers, *Sustainability*, 2014 (12), pp. 8452 – 8465.

持技术等①。

上述研究表明：农民希望通过培训，掌握更加综合的生产技术和技能，要求培训的内容与自身生产规模和生产状况相适应。

（三）影响农民职业培训的因素研究

关于培训效果和培训需求的影响因素，许多学者也进行了讨论和研究。Prior 等通过对澳大利亚农业社区的研究，认为农民可能希望通过寻求信息，而不是培训学习来改变农场管理，应鼓励到符合农民学习习惯的学习社区中进行学习②。Niewolny 和 Lillard 发现年长的、更有经验的农民是最不可能参加低水平正规教育培训活动的，农场管理团队成员中女性比男性更可能参加培训。随着农民意识到管理培训对农场经营的重要性，培训的参与率与当地培训项目是否合适直接相关③。Mahmoud 等在伊朗对农民关于安全使用农药的培训需求进行调查，发现年龄和总的安全措施没有显著的关系。农民对与农药相关的不良健康影响的预测最重要的是依靠经验，对培训也表现出不同的需求④。此外，Ethiopia 等试图探讨农民培训中心模块化培训的有效性，分析农民的知识差距和培训中心联系之间的偏差。结果表明：知识、技能、态度和制度等因素是影响模块化培训成效的重要变量，现实的培训需要使用多样化的方式来整合生产潜力⑤。另外，Monda 等评估了

---

① M. V. Sajeev, A. K. Singha, V., Venkatasubramanian, Training Needs of Farmers and Rural Youth: An Analysis of Manipur State, India, *Kamla-Raj*, 2012, 3 (2), pp. 103 – 112.

② R. B. Murray-Prior, D. Hart and J. Dymond, An Analysis of Farmer Uptake of Formal Farm Management Training in Western Australia, *Australian Journal of Experimental Agriculture*, 2000 (40), pp. 557 – 570.

③ Niewolny, Lillard, Expanding the Boundaries of Beginning Farmer Training and Program Development: A Review of Contemporary Initiatives to Cultivate a New Generation of American Farmers, *Agriculture, Food Systems, and Community Development*, 2010 (1), pp. 65 – 68.

④ Hashemi Seyyed Mahmoud, Hosseini Seyed Mahmood, Hashemi Mohammad Kazem, Farmers' Perceptions of Safe Use of Pesticides: Determinants and Training Needs, *International Archives of Occupational and Environmental Health*, 2012 (85), pp. 57 – 66.

⑤ Ethiopia, Wuletaw, Mekuria, Effectiveness of Modular Training at Farmers' Training Center: Evidence from, *American Journal of Rural Development*, 2014 (2), pp. 46 – 52.

农民的知识、态度和行为对有机蔬菜种植的影响①。

上述研究表明：农民的性别、年龄、知识水平、技能、学习态度以及培训项目、方式和制度都会对农民培训内容的需求产生重要的影响，对培训的效果也有很大影响。

（四）农民职业培训的方式研究

什么样的培训方式最有效？这是很多学者都关注的问题。Latoria等对部分发达国家的农民培训现状进行了研究，认为发达国家的农民培训已经进入了信息化、知识化、个性化阶段②。홍은파通过分析现有的农业技术推广服务和培训对韩国参加农业生产的妇女的影响，发现正规教育和农业技术推广都对生产有显著的正向影响，但是正规教育与农业技术推广的互动效应是消极的，相互之间具有替代性③。Aguirre等认为在发展水平还很低的地区，实施一个培训和参观计划指导农民生产，可能比农民田间学校更合适。在农业比较发达的地区，有效的农民田间学校计划似乎更合适④。Rejesus等研究了农民田间学校关于农药使用培训对生产收益的影响。结果表明：培训只有一个初步的知识性影响，培训作用持续的时间并不长。只有参加培训的农民数量较少时，从培训学校才可能获得系统的知识和提高使用农药的效果的能力⑤。

---

① Shimul Monda, Theerachai Haitook, and Suchint Simaraks. Farmers' Knowledge, *Attitude and Practice Toward Organic Vegetables Cultivation in Northeast Thailand*, Kasetsart J. (Soc. Sci), 2014 (35), pp. 158 – 166.

② S. K. Latoria, A. M. Gavlkar, S. K. Sharma, Knowledge Level of Trained and Untrained Farmers and Problems as Perceived by Trained Farmers, *Kamataka J. Agric*, Sci, 2001 (14), pp. 1127 – 1129.

③ 홍은파, Impacts of Agricultural Extension Service for Women Farmers on Agricultural Productivity, *Journal of Agricultural Education and Human Resource Development*, 2010 (42), pp. 49 – 79.

④ Verónica Aguirre, Rodrigo Echeverria, Clara Olmedo, Gustavo Blanco, Farmer Strategies to Face Labor Shortages in Chilean Agriculture, *Ciencia Rural*, Santa Maria, 2013 (8), pp. 1529 – 1534.

⑤ Rejesus, Roderick M., Mutuc, Maria Erlinda M., Sending Vietnamese Rice Farmers Back to School: Further Evidence on the Lmpacts of Farmer Field Schools, *Canadian Journal of Agricultual Economics-revue Canadian Agro Economics*, 2011 (60), pp. 407 – 426.

上述研究表明：根据地方发展的不同水平，确定合适的培训方式，而且还要控制每次培训的规模，才能达到最好的培训效果。

（五）职业农民培训的支持政策研究

发达国家对本国农业发展的扶持包括对职业农民培育的政策也是许多学者研究的重点。如 Sébastien 和 Pouliot 就发现加拿大农民和青年农民的数量正在减少，通过分析加拿大农民生产的制约因素和机遇，讨论政府是否应该开始从经济上给予职业农民特殊政策，因为加拿大养殖场数量的减少对经济的影响很大[1]。Niewolny 等认为农业开发是美国重要的农业、食品的地区制度之一。通过农民教育的国家规划，揭示农民培训和项目的发展、目的和未来轨迹。对农民进行的成人教育是维持新一代农民的成长和发展的新形式和支持模式[2]。

三　简要评述

国内现有研究主要围绕新型职业农民内涵、培育重要性及国外经验介绍，取得了一定成果；国外学者对职业农民培育的研究主要集中在职业培训方面，并取得丰硕成果。然而，总体而言，现有研究仍显薄弱：（1）在研究视角上，国外少部分学者已经认识到职业农民就业能力的重要性，对本书研究有重要启示，但遗憾的是这些学者并未具体研究职业农民需要哪些能力，在实证中也未重点研究；国内学者尚未从我国农业发展新态势对农民就业能力要求的角度开展研究。（2）在研究内容上，几乎没有学者研究新型职业农民的形成机理与培育机制。（3）在研究方法上，国外学者大多采用定性研究与定量研究相结

---

[1] Sébastien, Pouliot, The Beginning Farmers' Problem in Canada, *Working Paper*, 2011, p. 9.
[2] Kim L. Niewolny, Patrick T. Lillardb, Expanding the Boundaries of Beginning Farmer Training and Program Development: A Review of Contemporary Initiatives to Cultivate a New Generation of American Farmers, *Journal of Agriculture, Food System, and Community Development*, 2010 (1), pp. 65 - 99.

合的研究方法，从而提高了研究成果的科学性和应用价值，为政府制定职业农民支持相关政策发挥了重要的指导作用；然而，由于我国新型职业农民概念提出较晚，国内学者现有研究大都局限于一般的定性探讨，实地调查研究成果较少，以至于提出的有关政策建议缺乏实证依据，其实际应用价值也相当有限。

总之，国外很多现有研究成果对本书的展开具有重要的借鉴意义，但由于国情差异，很难直接用来指导我国新型职业农民培育，而国内相关研究比较缺乏，留给本书很大的研究空间。因此，结合经济新常态背景和现代农业发展实际，根据实地调查数据，对新型职业农民培育展开理论研究、计量分析及政策研究显得十分必要和有意义。

第三章 新型职业农民培育现状调查分析

第一节 调查设计

根据本书研究目标与内容,课题组考虑到我国农业区域分布,依据农业发达程度的差异,从东、中、西、东北四个地区选择了广东、浙江、湖北、四川、陕西、广西及黑龙江7个省区作为抽样区域①。这7个抽样地区不仅考虑了中国的各大地区,而且在农业发达程度和空间分布上具有较好的代表性。在2016年3—9月,7个调查组先后入户调查7个省区21个县(市)的1512个农户,并对其中12个乡(镇)相关政府部门进行了重点调查(见表3-1)。

表3-1   调查样本地区及选择的主要理由

序号	样本区域	所处地域	选择理由
1	广东	东部	①农业大省
2	浙江	东部	①农业大省
3	湖北	中部	①大宗农产品主产区;②农业优化发展区;③农业大省

---

① 最初设计为广东、浙江、湖北、重庆、陕西及黑龙江6个省区。课题组考虑到四川从2012年就开始了新型职业农民培育试点工作,将其替换为重庆;同时考虑到广西是中国五个少数民族自治区之一,且为中国唯一一个沿海自治区,农业欠发达,因此将其选入调查区域。

续表

序号	样本区域	所处地域	选择理由
4	四川	西部	①农业大省；②新型职业农民培育试点省
5	陕西	西部	①农业大省；②全国新型职业农民培育整体推进省
6	广西	西部	①五个少数民族自治区之一；②农业欠发达地区
7	黑龙江	东北地区	①农业大省

一 农户个体数据的获取

本书在上述 7 个省区采用多阶段抽样和等距抽样方法确定调查村庄和样本农户。调查问卷首先在课题组所在单位新型职业农民培训班的学员中进行了试测，然后结合学员的意见和填写情况进行了适当调整，最终确定了问卷的内容和问题设置。调查组采用三阶段抽样法来确定调查村，首先在各省根据地形特征分层抽取 3 个县（市），再根据县（市）的农业发达程度分层抽取 3 个乡（镇），然后根据各乡（镇）新型职业农民数量多少分层抽取 3 个村，一共确定了 63 个样本村。各村进行调查时，是在村委会干部的帮助下，根据他们提供的户主在家且适合调查的①农户家庭进行等距抽样，每个村抽样调查 60 位农民。在实际调查中，经过课题组培训的调查员直接走访农户家庭，并直接请受访者填写问卷②。每个农户家庭只能填写一份问卷。经过 7 个调查组的辛苦工作，在 2016 年 3—9 月，剔除部分遗漏关键变量问卷后课题组共获得资料完整的有效问卷 1512 份，有效问卷率 92.2%。调查内容涉及六个方面：基本情况、就业情况、收入与农业生产效率

---

① 村委会干部充分考虑了户主接受调查的能力（受教育程度与沟通能力）和意愿。
② 调查前对每一位调研人员都进行了认真的培训，包括问卷说明（尤其是农民可能不太懂的指标含义）、访问技巧、调查方法、问卷核对等，同时每一组都由课题组老师带队，研究生在调研期间有疑问的随时进行沟通，以确保每一份问卷信息的真实性、完整性、有效性。

情况、就业能力、影响因素、培育机理（详见附录1）。调查样本乡（镇）如表3-2所示。

表3-2　　　　　　调查样本地区所选择的乡（镇）

序号	样本区域	选择的3个乡（镇）
1	广东	中山县港口乡、高州县潭头乡、翁源县新江镇
2	浙江	遂昌县湖山乡、庆元县贤良乡、慈溪市龙山镇
3	湖北	孝昌县小河镇、公安县狮子口乡、襄阳市龙王镇
4	四川	仁寿县洪峰乡、茂县雅都乡、叙永县后山镇
5	陕西	户县甘亭镇、咸阳市杨陵区、合阳县新池镇
6	广西	贵港市木格镇、苍梧县石桥镇、田阳县雷圩乡
7	黑龙江	延寿县寿山乡、黑河县西峰山乡、抚远县海清乡

二　各乡（镇）培育资料获取

课题组在12个乡（镇）联系了当地新型职业农民培育领导小组或培育办、乡（镇）政府、农广校、农机化校等有关单位或部门，组织召开了座谈会，详细了解了各地新型职业农民培育的具体状况，内容涉及各乡（镇）农业人口、农业用地、农业发展情况、新型职业农民培育的做法、存在的问题以及新型职业农民发展的政策需求等情况等（详见附录2）。

第二节　调查乡(镇)和农户现状

一　调查乡（镇）现状

课题组对21个样本乡（镇）中的12个乡（镇）进行了详细的调查，各乡（镇）农业发展现状如表3-3所示。调查的12个乡（镇）平均人口为 3.35 万人，其中农业人口 2.63 万人，务农人口 1.84 万人；每个乡（镇）平均培育了 740 个新型职业农民，新型职业农民仅占务农人口总量的 4%，但有些地方认证工作滞后，新型职业农民仅有几人；新型农业经营主体占务农人口总量的 6.7%，大于新型职业农民占比；每个乡（镇）约 20 万亩耕地，农民人均承包耕地 7.95 亩，农地流转比例达到 30.7%，农村年人均纯收入为 14604 元，其中农业人口年人均纯收入 10269 元。新型职业农民农业收入约为传统农民农业收入的 2—5 倍。

表 3-3　　　　　　　　12 个乡（镇）农业发展现状

调研内容 序号	总人口数（万人）	农业人口（万人）	务农人口（万人）	新型职业农民数（个）	新型农业经营主体占比（%）	当地年人均纯收入（元）	农业人口年人均纯收入（元）	当地农业用地（亩）	人均农业承包地（亩）	农业用地流转比例（%）
1	2.2	1.5	1.1	320	2.1	15630	12054	140717	8.5	22
2	3.2	3.2	1.5	5	2.0	8700	5000	57600	1.8	20
3	0.33	0.29	0.17	168	2.5	13000	6393	1010000	30	31
4	3.5	3.3	2.3	50	0.5	8620	4800	54000	1.6	10
5	2.6	2.1	1.2	390	1.2	19870	12040	217369	6.5	16
6	3	1.2	0.8	800	40	8949	5412	27000	0.3	80
7	3.1	1.3	1	8	5	13000	11000	30000	1.93	20
8	7.4	7.2	6.9	1600	2.3	28000	22000	280000	3.3	7
9	8.52	7.4	5	5000	10	30000	20000	157000	2	12.8
10	1.5	0.9	0.8	30	0.3	9000	12000	250000	16	70
11	1.9	0.58	0.2	250	12.5	18000	11500	175000	22.4	60
12	3	2.6	1.1	261	2.3	2485	1031	12264	1.11	20
平均值	3.35	2.63	1.84	740	6.7	14604	10269	200912	7.95	30.7

注：表中数据经过四舍五入处理。下同。
资料来源：课题组调查与整理。

二 调查农户现状

课题组对 7 个省区的 1512 个农户进行了调查，被调查农户的现状如表 3-4 所示。1512 个农户中，有 679 户的户主为新型职业农民，为更好地了解详细情况，课题组对新型职业农民样本和总样本的特征进行比较分析。两组样本的家庭平均人口均多于 4 个，新型职业农民家庭的劳动力略多；新型职业农民样本组家庭流转地平均为 92 亩，高出总样本 68.14 亩近 14 亩；新型职业农民样本组家庭的农业机械台数和总值也大于总样本；新型职业农民样本组家庭年总收入比总样本家庭年均总收入高出 2 万元；新型职业农民样本组的父母亲曾经为农民的比例也高些，可能受到父母务农的影响。

表 3-4　　　　　　　　　调查样本农户现状

项目		家庭人口（人）			经营土地（亩）		农业机械		家庭年总收入（万元）	父亲是否曾经为农民（人）		母亲是否曾经为农民（人）	
		平均人口	男性劳力	女性劳力	承包地	流转地	台数（台）	总值（万元）		是	否	是	否
总样本	数量（个）	4.24	1.66	1.37	8.51	68.14	1.53	5.16	11.57	1174	338	1039	473
	百分比（%）	—	—	—	—	—	—	—	—	77.6	22.4	68.7	31.3
新型职业农民	数量（个）	4.42	1.72	1.42	9.39	92	1.86	7.1	13.57	540	139	531	148
	百分比（%）	—	—	—	—	—	—	—	—	79.5	20.5	78.2	21.8

资料来源：课题组调查与整理。

第三节　新型职业农民现状

一　新型职业农民与总样本的个体特征比较

本书调查共获得 1512 个样本，其中 679 个为新型职业农民样本。

表 3-5　　　　　　　　　　调查样本个体特征　　　　　　　单位：人，%

项目		性别		平均年龄	婚姻状况				文化程度					健康状况		
		男	女		未婚	在婚	离异	丧偶	小学及以下	初中	高中	中专	大专及以上	很健康	健康	不太健康
总样本	人数	1210	302	41.59	81	1380	43	8	153	640	374	159	186	407	992	113
	百分比	80.03	19.97	—	5.36	91.27	2.84	0.53	10.12	42.33	24.74	10.52	12.30	26.92	65.61	7.47
新型职业农民	人数	568	111	41.54	33	633	11	2	55	278	188	71	87	211	430	38
	百分比	83.65	16.35	—	4.86	93.23	1.62	0.29	8.10	40.94	27.69	10.46	12.81	31.08	63.33	5.60

资料来源：课题组调查与整理。

如表 3-5 所示，被调查者中男性居多，总样本中男性为 80.03%，新型职业农民样本中男性更是达到 83.65%；两组样本中的平均年龄相仿，均超过了 41 岁；婚姻以在婚为主，其他状况类似；文化程度以初中和高中文化水平为主，新型职业农民样本中高中和大专及以上文化程度者略高；身体状况，两组样本类似，但新型职业农民身体"很健康"的高出 4 个百分点。

另外，新型职业农民中的村干部比例达到 23.27%，比总样本 19.38% 高出近 4 个百分点；新型职业农民中的中共党员比例达到 27.10%，比总样本 24.47% 高出近 3 个百分点。

二　新型职业农民的类型与身份特征

由于各地新型职业农民认定标准不一，称谓也略有差异，个别地方存在多种类型的认定，因此新型职业农民的职业或身份、认定类型有多选的现象。

如表 3-6 所示，当前认定的新型职业农民与农业生产经营的实际情况相吻合，占主体的是生产经营型新型职业农民，占到 57.26%，其余分别为 14.80% 的社会服务型、12.43% 的专业技能型、4.89% 的新生代型及 10.61% 的其他型新型职业农民。新型职业农民中，除有

12.51%的其他身份人员外,以种植大户和养殖大户为主,分别占25.38%、18.06%,其余则分别为11.10%的家庭农场主,11.10%的返乡创业大学生、军人或本地农民,9.80%的专业合作社带头人,8.50%的农村信息员、经纪人、农耕手、防疫员,以及3.54%的涉农公司管理者。

表3-6　　　　　新型职业农民类型与身份特征　　　　单位:人,%

项目	认定类型					身份或职业						
	生产经营型	专业技能型	社会服务型	新生代型	其他	种植大户	养殖大户	家庭农场主	专业合作社带头人	涉农公司管理人员	返乡创业的大学生、军人或本地农民	农村信息员、经纪人、农耕手、防疫员	其他
数量	410	89	106	35	76	215	153	94	83	30	94	72	106
百分比	57.26	12.43	14.80	4.89	10.61	25.38	18.06	11.10	9.80	3.54	11.10	8.50	12.51

资料来源:课题组调查与整理。

三　样本新型职业农民与新型职业农民的特质比较

与新型职业农民的本质特征相比较,样本新型职业农民的差距主要有:第一,现有新型职业农民期望以务农为终身职业,但受城镇就业拉力的影响,一部分人决心不大。第二,现有新型职业农民开始追求全面发展且希望具有一技之长,事实上取得新型职业农民资格证书者其受教育和培训的次数依然较少,专业技能不专、不强,与当地农业产业发展及特色资源利用的要求存在差距。第三,新型职业农民具有资本再生能力和创新精神,但明显受到融资难、人力资本水平积累不足等因素影响,农业规模化、机械化及市场化步伐缓慢。第四,现有新型职业农民具备分享社会平均收益和享有同等的社会地位的意愿和潜能，但受农业市场风险的影响，一部分人难以分享社会平均收益，农业收益波动较大。

为深入挖掘新型职业农民的特质是如何养成的，本书记录了新型职业农民成长的故事，供读者思考（见附录4）。

第四节 新型职业农民培育现状

一 新型职业农民培育的主要做法

（一）新型职业农民培育途径

农业部牵头组织实施的"阳光工程"，提高了农村剩余劳动力的技能，促进了农村剩余劳动力转移。全国农业广播电视学校（简称"农广校"）具有教育培训优势，为了加强培养农村实用人才，全国农广校系统启动了"百万中专生计划"。为适应现代农业发展的需要，"阳光工程"和"百万中专生计划"现已转型升级为新型职业农民培育工程。新型职业农民培育工程做出了四个方面的创新：一是实现从"培训"到"培育"的转变创新；二是突破了从"办班"到"育人"的创新；三是落实过程考核到绩效考核的创新；四是实现从传统培训到现代化、信息化培训的创新[①]。当前新型职业农民培育工程主要依托各级农广校和农业高等院校来实施。

（二）新型职业农民培育形式与手段

经过近几年的摸索，新型职业农民培育基本形成"集中学习+基地参观"或"集中学习+基地参观+生产实践"的主要培育形式。在具体的培训过程中，各培育机构，根据当地的产业特点和专业技能要求，

---

① 刘丰旸：《农业部启动实施新型职业农民培育工程》，http://www.mlr.gov.cn，2014年7月5日。

可能会采取"分段式""集中式""分散式"的培训、实训及跟踪服务。

例如，陕西省杨陵区的新型职业农民培育，一是建立新型职业农民数据库，实行职业农民"一人一档"；二是依托西北农林科技大学组建师资团队、编写教材；三是建设标准化培训教室；四是在杨陵锦田合作社、天和园合作社、邰城养鸡合作社等创建实训基地，基本实现每个新型职业农民能够在基地参加生产实践活动；五是创新培育方式，结合当地农业生产特点、农民教育规律和学习特点，采取送教下乡、教师进村等农民易于接受的方式，把培训办进农村、办到田头。中国最早见到太阳的地方——黑龙江抚远县，在建立培育资源信息库的基础上，培育领导小组办公室认定了抚远县农业广播学校、县职业中专学校、县农业机械化学校、县畜牧水产技术推广中心、县农业经营管理站五个培育机构。各培育机构采取"分段式、重实训、参与式"培育模式，根据不同培育对象，按"一班一案"、分期分段安排课程，分门别类开展培训。在培训过程中，各培育机构根据不同产业特点和专业技能要求，采取"分段式""集中式""分散式"培训、实训及跟踪服务。职业中专学校采取"专业分班组"的方式，开展实训；农广校、畜牧水产技术推广中心采取"集中、分散"相结合的方式教学，组织学员多次到各培育实训基地开展学术交流考察活动；畜牧水产技术推广中心组织学员到养殖场进行现场讲课，手把手教学员配饲料、防病治病。教学方式不拘一格，培训实训灵活多样。

因此，当前的新型职业农民培育手段主要有三种：一是培训专家师徒相授（授课、课堂讨论），通过集中培训教育提高学员的理论水平；二是观摩学习，让学员带着问题去学习和交流，解决以前生产经营中遇到的实际问题；三是生产实践训练，将理论培训与实践操作相结合，使学员不仅熟练掌握了新技术，而且能运用到今后可能遇到的实际问题中，培训的针对性和实用性很强。

二 新型职业农民培育的主要成效与经验

（一）基本形成"政府主导＋短期培训＋认定管理"的培育模式

各地政府都将新型职业农民培育工作纳入农业农村经济发展规划，在政府主导下，由农业部门牵头、相关部门配合、社会力量参与，组织10—15天的短期培训，再由区县农业行政部门审核合格，最后经公示无异议才能认定为新型职业农民，最终颁发新型职业农民资格证书。

（二）基本形成"教育培训、认定管理、政策扶持"的培育制度体系

各地在农业部、教育部、财政部等部门的指导下，正逐步探索符合当地产业发展和农民需要的培育制度体系。在全国各地，基本形成新型职业农民教育培训、认定管理、政策扶持体系。如湖北省等正积极探索建立职业农民制度，通过系统的培训引导和政策扶持，努力提高农业从业人员的职业素养、生产技能和经营能力，以增加务农收益，让一部分务农劳动力转型成为真正爱农业、懂技术、善经营的新型职业农民。

（三）制定了新型职业农民培育规划，新型职业农民数量增长较快

各地近年均大力实施新型职业农民培育工程，制定了新型职业农民培育规划，着力提升农村和农业从业人员素质，试图培养出一支数量充足的现代农业人才队伍。

如湖北省，2015年全省101个县（市）区全面启动新型职业农民培育，357家农广校、涉农大中专院校、农技推广机构、农业科研院所、农业产业化龙头企业、农民合作社等承担了农业人才培训任务，构建了省有大专院校、市有职业院校、县有农民培训中心的人才培养体系。《湖北省新型职业农民培育发展规划（2016—2020年）》计划到 2020 年，实现全省 100 万新型职业农民培育目标，其中生产经营型职业农民将达到 57.74 万人左右，占职业农民比例的 57.5%。重庆市每年制订新型职业农民培育计划，2017 年共培育新型职业农民 1.87 万人，其中新型农业经营主体带头人 5000 人，现代青年农场主 300 人，农村实用人才 600 人。

三 新型职业农民培育中存在的主要问题

根据座谈和入户调查，调查组发现当前新型职业农民培育中存在一些突出的问题，主要表现在四个方面。

1. 新型职业农民供给与需求的差距较大

有关专家根据农业行业特点、收益和农业用工量的差异，估算了农、林、牧、渔各业所需的新型职业农民队伍规模，结果表明有 8000 万人以上的新型职业农民队伍缺口[①]。而根据《"十三五"全国新型职业农民培育发展规划》，截至 2015 年年底，全国新型职业农民为 1272 万人，"十三五"期间再增加 2000 万人。到"十三五"末，新型职业农民供给和需求的数量缺口估计高达 4728 万人左右。

从培育质量来看，新型职业农民的培育质量不高且缺乏长效机制。一是以教育培训代替培育。二是培训的师资力量有限、培训内容陈旧等，难以满足现代农业发展的需要。具体表现为：培训师资数量有限、水平有待提高；培训方式陈旧且缺乏实践；培育知识更新不及时，不能为农民提供急需的最新农业新技术、新品种、新信息，造成培训与需求脱节；培训缺乏系统性，不能满足现代农业产业化、规模化经营的需求。三是缺乏培育的长效机制。对认定后的新型职业农民在后续

---

① 张蕙杰等：《我国新型职业农民总量与结构的需求估算研究》，《华中农业大学学报》（社会科学版）2015 年第 4 期。

学习、发展和政策帮扶方面相对滞后，对农业后继者培养尤其是青年新型职业农民培育不力。

2. 农民参与培训的积极性不高，优质培训机构不足

当前农民参加培训的积极性不高，一个原因是农业从业者的学习能力有限。留守农民中以男性老年人、妇女居多，平均年龄接近50岁，平均受教育文化程度低，对新知识接受能力较差，有些农民参训是通过干部做思想工作来的，有些是奔着培训补助来的，培训中还存在代训、旷课等不良现象。第二个原因是新型职业农民的成长环境不佳。职业农民一方面长期受身份歧视、社会偏见影响，在农村中的地位不高，与农村能人大多"不想务农、不爱务农、外出务工"相比更易陷入择业困境，更为关键的是他们常常面临市场风险造成收益低的局面。最终，参与新型职业农民培训者以中老年为主，高素质的农村新生代劳动力非常稀少，同时还缺乏优质培训机构。

3. 新型职业农民培育机制不健全

新型职业农民培育，应立足现在，着眼未来。然而，单一的教育培训机制是难以满足现实要求的，须构建多种培育机制。不断整合培育资源，创新培育机制，面向种植大户、养殖大户、加工大户、农机大户等农业生产经营大户，重点开展农业生产技术、经营管理知识、市场营销方法等内容的系统培训；建立和完善初、中、高等农民培育体系，使培育能满足产业和农民个人发展需求，提高培育实效。

4. 新型职业农民培育的配套政策跟不上

新型职业农民的帮扶政策、激励政策跟不上，难以激发农民转型为新型职业农民的积极性和主动性，迫切需要将新型职业农民认定与产业发展扶持政策紧密挂钩；改革农业各项补贴政策措施，推行补贴变奖励等政策，确保补贴资金用于农民、用来发展农业；进一步推动农地流转，提高土地利用效益；鼓励职业农民半农半读的进修学习，享受相应学习补贴政策，等等。

第五节　本章小结

本章根据我国东部、中部、西部、东北7省区的实地调研数据，详细分析了我国新型职业农民培育和发展现状，从而全面了解了当前我国新型职业农民培育的真实状况。

（1）根据我国农业发达程度和空间分布，从东部、中部、西部、东北四个地区选择了广东、浙江、湖北、四川、陕西、广西及黑龙江7省区作为抽样调查地区。调查组根据调查省份的地形特征、农业发达程度及农民家庭农业收入情况的差异，分别抽取3个县各1个乡（镇），再从每个乡（镇）抽取3个村，最后结合家庭住所的距离每村等距抽样调查60个农户。

（2）一方面获得了资料完整的农民有效问卷1512份，调查内容涉及六个方面：基本情况、就业情况、收入与农业生产效率情况、就业能力、影响因素、培育机理；另一方面获得了12个乡（镇）的新型职业农民培育的具体状况，内容涉及各乡（镇）农业人口、农业用地、农业发展情况、新型职业农民培育的做法、存在的问题以及新型职业农民发展的政策需求情况等。

（3）通过对调查结果的分析，调查乡（镇）和农户现状表明，我国农业农村要实现现代化必须大力培育新型职业农民，新型职业农民应该具备终身职业化、高收益性、全面发展、专业技能高等特征，培育应该根据当地产业发展要求及新型职业农民的发展意愿，提供科学的培育内容、方式、方法以及更多的选择机会，然而现行新型职业农民培育主要依赖政府主导来进行，存在优质培育源不足、培育供给不足、机制不健全等问题，今后需要进行相应调整。

第四章 新型职业农民培育的理论分析

第一节 培育新型职业农民的制度性因素分析

一 培育新型职业农民的制度诱致性因素分析

制度非均衡分析是制度变革或制度创新的经典经济分析框架。在农村,制度供给不足型非均衡和供给过剩型非均衡都可能诱发制度变革,从而产生一种新的制度安排,以提高更多农户及社会福利水平。当前,培育新型职业农民面临制度供给不足问题,导致新型职业农民数量偏少,不利于推动现代农业的发展。下面参照林毅夫[①]的分析方法分析培育新型职业农民的主要诱致性因素。

(一) 内部诱致性因素

从农村发展的内部矛盾来看,新型职业农民培育制度创新的潜在收益变化、制度创新的成本变化、制度选择的技术改变、制度服务的需求改变等因素都会引起制度非均衡,从而产生培育新型职业农民的要求,其主要诱致性因素有四个。

---

① 林毅夫:《关于制度变迁的经济学理论:诱致性变迁与强制性变迁》,《财产权利与制度变迁——产权学派与新制度学派论文集》,上海三联书店1994年版。

(1) 未来"谁来种地"成为农业和农村发展的现实困境。随着农村转移人口外出务工数量增多,农村务农人口的老龄化、妇女化现象越来越普遍,农村青壮年人口基本不在农村,农村青年人更是少之又少。"90后"的年轻人很少懂得务农,对农村和农业缺乏感情。农村"386199"部队的现象短期内很难改变,未来中国农村到底"谁来种地"以及确保国家粮食安全成为现实困境。这一困境将关系到中国经济发展的安全系数、关系到经济新常态发展动力强劲与否。

(2) 农村人—地矛盾仍然十分突出。现阶段,我国农村人均耕地不足1.35亩,不到世界平均水平的40%。而在2004年我国的农村人均耕地还有1.41亩,我国农地矛盾越来越突出。与此同时,快速城镇化的中国农村面临土地利用新挑战,由于农业转移人口增多,农村空心村、抛荒现象与日俱增,农地的粗放式经营普遍存在。农地资源一方面在减少、人—地矛盾加剧,另一方面又得不到合理的利用、耕种效率低,因此"怎么种"又向我们敲响了农业发展的警钟。

(3) 农业技术进步与农民科技素质低的矛盾尖锐。"十二五"期间,我国农业科技进步贡献率从52%提高到56%,资源利用率、劳动生产率、土地产出率显著提高,农业科技进步带动了农业经济的增长。然而,由于我国农民的整体文化水平偏低、农民接受和运用科技的能力较差,农民的科技素质整体水平较低,影响中国农业经济增长。特别是,随着城镇化的发展,农村青壮年劳动力大量涌向城市、向非农产业转移,农业劳动力的素质呈现结构性下降趋势,提升农民科技素养尤为紧迫。

(4) 农业新业态催生高收益的新型农业经营主体。党的十八大以来,农业产业面临历史机遇,获得多重政策利好。随着农业专业化和规模化程度的提高以及现代农业科技的广泛运用,农村土地、资本、劳动力等要素越来越紧密,农业新业态层出不穷,新型农业经营主体如雨后春笋般成长起来。经济日报社中国经济趋势研究院发布的《新型农业经营主体发展指数调查报告》显示，新型农业经营主体通过规模化、一体化农业生产经营获得了较高的利润，2015年平均利润达到68.76万元，比2014年增加了26%。同时它们对"三农"的带动作用也开始显现，体现在生产资料购买、农产品销售、资金、技术等方面的支持。

（二）外部诱致性因素

从外部因素看，农村外部环境的变化、农业资源条件的改变、农产品供求国际环境的变化以及农村经营体制的变化等可能产生制度创新的动机和需求，并可能带来制度的有效供给。

（1）农地"三权分置"使适度规模成为可能。党的十八届五中全会明确提出，要稳定农村土地承包关系，完善"三权分置"办法，依法推进土地经营权有序流转，构建培育新型农业经营主体的政策体系。2016年10月，中共中央办公厅、国务院办公厅发布的《关于完善农村土地所有权承包权经营权分置办法的意见》提出了农地制度改革的纲领。实行"三权分置"，有利于优化配置土地经营权，使农地适度规模经营成为可能，有利于提升农地产出率、劳动生产率和资源利用率，并且有利于节约交易成本、生产成本，提高经济效益。这为加快农业发展方式转变，走出一条资源节约、产出高效、产品安全、环境友好的中国特色新型农业现代化道路开辟了新的路径，不失为充满智慧的制度安排[1]。

（2）农业机械化水平提高让农民职业更加体面。2014年中央一号文件强调加快发展现代农业和农业机械化，加快推进大田作物生产全程机械化，积极发展农机作业、租赁、维修一条龙的社会化服务，积极支持农机合作社等服务组织。2015年我国农业机械化水平已超过61%。

---

[1] 韩长赋：《土地"三权分置"——中国农村改革的又一次重大创新》，《光明日报》2016年1月26日。

农业机械化水平的提高把农民从繁重的体力劳动中解放出来，使干农活成为一种"体面活"，不仅干活轻松而且收入可能更高。这正符合中央农村工作会议提出的"让农民成为体面的职业"的要求。

（3）国际国内粮价倒挂倒逼职业农民发展现代农业。从2004年到2015年，我国粮食连续12年丰收，增产幅度明显，农民收入也在不断增长。但最近几年，尽管我国粮食总产量不断增长，但进口量和库存量却也在不断增长。为什么我国粮食增产、进口也增加呢？主要原因在于国际国内粮价倒挂，国际粮价比国内低，国内粮价比国际高出30%到50%。小规模分散经营的农业几乎没有竞争力，不积极培育新型职业农民，不推动农业供给侧结构性改革，不大力发展现代农业，我国粮食安全将存在重大隐患。

（4）新型农业经营主体发展环境变好诱导新型职业农民快速成长。农地"三权分置"改革为新型农业经营主体的规模经营、机械化经营提供了便利，农村金融制度创新为新型农业经营主体提供了资金支持，社会服务日益丰富和全面解决了农业经营的许多后顾之忧，以及新增补贴资金向新型农业经营主体倾斜等政策对新型职业农民的培育和发展产生了极大的正面激励，一部分有识的农村大学生和农民工返乡发展现代农业，新型职业农民队伍有望得到快速壮大。

二 培育新型职业农民的制度创新与地方实践

（一）培育制度创新

农民本身是一个职业概念，国际上通常界定为从事农业生产经营的劳动者。1997年"跨世纪青年农民科技培训工程"提出培育"觉悟高、懂科技、善经营"的新型农民。2005年10月，党的十六届五中全会明确提出建设社会主义新农村，培养造就千千万万高素质的新型农民来实现农业和农村现代化，切实组织实施好四项新型农民培训工程：绿色证书工程、青年农民科技培训工程、新型农民创业培植工程、"阳光工程"。同年，在"百万中专生计划"中又提出了"职业农民"一词，提出把具有初中以上学历的群体作为培训对象。2007年中央一号文件《中共中央 国务院关于积极发展现代农业 扎实推进社会主义新农村建设的若干意见》中明确提出要大力培养新型农民，造就现代农业人才队伍。新型农民和职业农民在党的会议中都出现过，但在文件中提的是新型农民，其概念相对而言更宏观些。2012年的中央一号文件——《关于加快推进农业科技创新 持续增强农产品供给保障能力的若干意见》用"新型职业农民"正式替代了"新型农民"和"职业农民"。

2012年农业部启动100个县的新型职业农民培育试点工程，2014年在全国范围正式启动了新型职业农民培育工程。《全国新型职业农民培育条件能力建设规划（2014—2020年）》提出，加快多形式课堂和云平台一体化建设，丰富农民教育培训手段。2014年年底，全国农业工作会议提出大力培养现代青年农场主，2015年"现代青年农场主计划"正式启动。2014—2018年中央财政分别安排了11亿元、11亿元、13.9亿元、15亿元、20亿元专项资金用于培育新型职业农民，未来将有更多高素质新型职业农民加入到现代农业建设的大军中。

（二）培育的地方实践

在中央做出培育新型职业农民的重大决策后，全国各地先后出台了政策措施，配合中央的行动。现以陕西、黑龙江及四川三个省为例说明，各省省委、省政府是如何成为制度供给的主体？取得了哪些成效？

四川省2013年率先认定了40个省级新型职业农民培育试点县，启动了新型职业农民培育试点工作。2015年8月又出台了《四川省人民政府办公厅关于加快新型职业农民培育工作的意见》。四川省坚持立足地方优势特色产业，围绕推进农业适度规模经营，以专业大户、家庭农场主、农民合作社带头人、农业企业专业化社会化服务人员为重点培育对象，强化技能培训，重视素质提升，大力培育以生产经营型为主、兼顾专业技能型和专业服务型的新型职业农民，让真正从事农业生产、迫切需要提升素质和生产技能的农民优先接受培育，到2020年，四川省将累计培育新型职业农民30万人，其中生产经营型18万人、专业技能型6万人、专业服务型6万人[①]。

陕西省农业厅2014年制定了《陕西省2014年新型职业农民培育整省推进工作方案》。以种养大户、青壮年农民、家庭农场主、返乡创业农民以及农科类大中专毕业生等为培育重点，统筹规划，分类培育，有序推进。2016年7月1日开始实施《陕西省新型职业农民培育认定管理办法》，并按初级、中级、高级三个级别分别由县、市、省组织认定，每年认定一次。截至2016年7月，陕西省已培育认定新型职业农民2.7万人，到2020年该省新型职业农民总数将达20万人。

黑龙江省2015年10月制定了《黑龙江省2015年新型职业农民培育工程实施方案》，并在35个国家级新型职业农民培育示范县开展新型职业农民培育。该省2015年共培训新型职业农民13760人，其中：生产经营型6600人，专业技能型3100人，专业服务型3692人，现代青年农场主368人。2016年黑龙江省新型职业农民培育工程在全省47个国家级新型职业农民培育示范县开展，主要实施新型农业经营主体带头人轮训计划和现代青年农场主培养计划，2016年全省培育1.9万名（含农机合作社理事长、农机大户500人）新型农业经营主体带头人及400名现代青年农场主，同时继续培养2015年遴选的368名现代青年农场主。到2020年该省新型职业农民总数将达20万人。

---

① 《四川省人民政府办公厅关于加快新型职业农民培育工作的意见》，http://www.sc.gov.cn，2015年8月21日。

三 培育制度供给的农民需求与效益分析

(一) 培育制度供给的农民需求

从中央决策和地方政府的制度设计来看,都主张大力培养新型职业农民,那么农民对这种制度供给的意愿是怎样的呢?农民的利益在现实中能得到保障吗?为寻求上述问题的答案,笔者对湖北、陕西、广西、广东、四川、浙江及黑龙江7个省区1512个农户进行了实地调研,其中已被认定为新型职业农民的有679人,是新型农业经营主体但未被认定为新型职业农民的有433人,既非新型职业农民又非新型农业经营主体的传统农民有400人。

新型职业农民对现在的工作满意度较高,满意的占45.07%、基本满意的占45.51%、不满意的占9.43%。他们对于在农村工作和生活,认为好的占45.8%、一般的占48.9%、不好的仅占5.3%。50.37%的人愿意一辈子从事农业,33.14%的人表示不一定,16.49%的人不愿意。从事农业的收入大多能满足各项开支需要,仅有7.41%表示不能。在农业领域取得成功最主要的条件是:35.35%的新型职业农民认为政府支持最重要,24.15%的认为是要多参加职业培训,15.02%的认为是要有合理的个人发展规划,12.67%的认为是受教育水平高,7.22%的认为是要有好的地理区位优势,其他为5.6%。具体到影响他们在农业领域中进一步发展的最主要的因素:缺少资金、技术居首位,占42.52%;21.91%的人认为政府支持力度不够是主因;另外,13.9%的人认为是受教育水平低,12.13%的人认为是培训不力,5.3%的人认为是其他,4.24%的人认为是没有个人发展规划。

对于新型职业农民培训,大部分都愿意参加:83.06%的人表示愿意,13.4%的人表示无所谓,3.53%的人不愿意。74.52%的人认为新型职业农民培训作用大,22.09%的人认为作用一般,3.39%的人认为没什么作用。关于参加新型职业农民培训中可能遇到的困难，28.1%的人表示文化水平有限、难以掌握，27.65%的人表示没有时间参加，15.97%的人认为培训内容不实在，11.86%的人认为培训效果不佳，9.4%的人交不起培训费，7.03%的人认为培训方式不合理，这说明政府在组织培训中还有许多值得改进的地方。关于最喜欢的新型职业农民培训方式，23.91%的人赞同专家授课，20.87%的人认为是农民田间学校，20.27%的人喜欢专家跟踪指导，19%的人认为是参观，10.33%的人认为是师生研讨，5.63%的人认为广播电视学习方式也可以。具体培训内容方面，26.67%的人认为是种养技术，16.23%的人认为是电子、信息和网络技能，13.99%的人认为是农业机械技术，13.49%的人认为是农产品销售技能，11.3%的人认为是农产品加工工艺和技术，9.52%的人认为是农业资源保护和资源循环利用技术，8.8%的人认为是管理技能。他们为什么参加职业农民培训呢？30.8%的人为了提高技能，25.16%的人是想获得政府政策支持，17.07%的人为了提高素质，12.87%的人为了获得补贴，8.62%的人为了结交朋友，5.48%的人为了受到尊重。虽然农民参加培训的诉求有多种，但最主要的仍为提高农业生产和经营的技能，在农村大舞台中施展才华。然而，新型职业农民上一年度参加职业培训的情况却不容乐观，37.26%的人没参加培训，在参加培训的人员中，参加1次的为33.28%，2次的为13.55%，3次的为7.36%，4次及以上的为8.54%，所有参加培训者上一年度平均参加2.17次培训，平均培训天数仅为4.7天，如果将全部679个新型职业农民平均计算则培训次数为1.36次，培训天数下降为2.95天。

综上所述，新型职业农民培育的制度供给能给农民带来较高的工作满意度和收入水平，农民迫切需要加强新型职业农民培育的供给。

（二）培育制度供给的农民效益分析

作为理性经济人，新型职业农民在选择职业和做职业规划时，首先关注的是，从事的职业能否带来足够的经济收益，与其他职业选择相比,是否具备一定的比较优势。根据对 1512 个农户进行调研的数据,进一步做经济收益对比分析,以检验新型职业农民培育制度设计中,新型职业农民转型发展时对经济收益的需求。也就是说,新型职业农民的收益是传统农民的多少倍时,新型职业农民培育制度的实现可能性才更大。

从经济收入上来看,如表 4-1 所示,一方面,新型职业农民的年均纯收入为 8.76 万元,是传统农民的 1.91 倍,非新型职业农民的新型农业经营主体①年均纯收入为 7.31 万元,与新型职业农民收入比较接近;另一方面,新型职业农民家庭农业劳动力年均纯收入为 2.21 万元,比传统农民家庭人均收入多了近 1 万元。个人和家庭的纯收入大幅增长,约增长 1 倍的收入能有效激励传统农民成长为新型职业农民,而以新型农业经营主体为主要培育对象易于实现目的。

表 4-1 不同类型农民收入情况对比 单位:万元

	新型职业农民	非新型职业农民的新型农业经营主体	传统农民(既非新型职业农民又非新型农业经营主体)
年均纯收入	8.76	7.31	4.59
家庭农业劳动力年均纯收入	2.21	1.96	1.36

资料来源:课题组调查与整理。

从农民拥有农业机械情况来看,如表 4-2 所示,新型职业农民拥有量为 1.86 台,恰好是传统农民的 2 倍;而他们拥有的农业机械总价值,新型职业农民为 7.1 万元,传统农民为 2.15 万元,前者是后者的 3.3 倍。非新型职业农民的新型农业经营主体拥有的农业机械数量和

---

① 非新型职业农民的新型农业经营主体特指当前是新型农业经营主体的从业者但未被政府认定为新型职业农民的人。

价值均居于二者之间,但更接近新型职业农民。

表4-2　　　　　不同类型农民拥有机械情况对比　　　　单位：台,万元

	新型职业农民	非新型职业农民的新型农业经营主体	传统农民（既非新型职业农民又非新型农业经营主体）
拥有农业机械台数	1.86	1.56	0.93
拥有农业机械总价值	7.1	4.88	2.15

资料来源：课题组调查与整理。

从拥有土地情况来看,如表4-3所示,新型职业农民流转土地平均达92亩,而传统农民仅为17.52亩。新型职业农民经营的土地平均为101.39亩,是传统农民的4.23倍。非新型职业农民的新型农业经营主体流转土地和经营土地分别为66.38亩和75.17亩。

表4-3　　　　　不同类型农民拥有土地情况对比　　　　单位：亩

	新型职业农民	非新型职业农民的新型农业经营主体	传统农民（既非新型职业农民又非新型农业经营主体）
经营土地数量	101.39	75.17	23.96
流转土地数量	92	66.38	17.52

资料来源：课题组调查与整理。

从以上三个方面的数据比较可以发现,新型职业农民与传统农民相比,经营规模更大、农业机械拥有量更多,有利于节约交易费用并实现规模经济。制度创新的诱致性因素是主体期望收益大于预期成本。预期收益超出预期成本部分就是制度效益,它是制度创新的源泉[1]。

---

[1] Coase R. H., The New Institutional Economics, *Journal of Institutional and Theoretical Economics*, 1984 (3).

只有当新型职业农民的纯收入达到传统农民的 2 倍时，新型职业农民培育制度才能吸引和诱导更多传统农民和新型农业经营主体向新型职业农民转型发展。

综上可见，新型职业农民培育制度的产生有其深厚的诱制性原因，政府主导型培育制度在培育初期产生了一定的效果并给新型职业农民带来了一定的效益，然而要达成更好的培育效果和农民的满意度，培育制度亟待创新。

第二节　新型职业农民培育机理分析[①]

一　职业农民选择的理性决策机制

（一）职业农民的理性决策行为

经过改革开放的洗礼和市场经济大潮的冲击，经济新常态下的中国农业劳动者阶层表现出明显的分化，一方面，农民非农化程度大幅提高，非农户、农业兼业户和非农兼业户比重上升，而纯农业户比重下降；另一方面，农业从业者的年龄发生显著变化，呈现出明显的老龄化趋势，中老年农民越来越成为我国农业劳动力的主力。西奥多·舒尔茨在他 1979 年诺贝尔经济学奖获奖演讲中指出："全世界的农民在权衡成本、收益和风险时，心中都会有一本账。在闭塞的、孤立的、分散的范围以内，他们都是精打细算的经济人。"他在之前的《改造传统农业》一书中对这一经济人行为进行了充分的分析，能够用以说明经济新常态下我国农民职业选择亦是一种理性决策行为。尤其是在开放条件下，农民就业选择决定农民的收入水平，他们往往进行的是

[①] 本小节主要内容作为阶段性研究成果，以《新常态下新型职业农民培育机理：一个理论分析框架》为题发表于《农业经济问题》2016 年第 8 期，并被人大复印报刊资料《农业经济研究》2016 年第 11 期全文转载。

经济人的理性决策。通过户籍制度改革，以及就业信息的充分发布，中国农民拥有了较大的就业自主选择权，就业出现多元选择机会。农民可以在自家农业生产、农业打工、受雇、非农自雇（自主创业）及不拿工资为家庭经营活动帮工等就业形式中进行选择，或进城或留守农村，从而实现自己的财富梦想。一些农民开始抛弃过去小农的思想——"安全第一""规避风险"，而是用企业家精神进行决策，开始扎根农村，以务农为终身职业，并且通过提高自身素质，提高农业科技水平、机械化水平等途径提高农业的收入，使从事农业的净收益（收益—成本）大于其他就业选择。

　　农民的职业选择行为其实是一个由多种因素相互作用构成的十分复杂的动力系统的影响结果。农民分层体现出了农民需求的多样化，正是这些需要转化为农民经济行为的动力，成为农民职业选择的动力源泉。当农民的内在需要没有得到满足或者是在外界因素的刺激下明确这种不满足感，那么他们就会产生改变现状的欲望，寻找满足的途径，选择自己的行动。根据马斯洛的需要层次理论，当农民认为成为新型职业农民能满足他们衣食住行的基本生理需求、在农村发展具有前途且有职业保障、有更多的亲朋好友交往圈及其带来的归属感、个人的发展能够得到其他农民的认同和尊重，或者真正把当好一个农民作为个人毕生的事业追求时，那么这些农民就有可能成为新时代所需要的新型职业农民。其实，农民有着很强的乡土情结。有些农民背井离乡，离开土地去城市务工，却始终无法获取与城市居民同等的待遇。第一代农民工往往坦然地过着"两栖式"的生活，但第二代和第三代农民工，在故乡和城市中进退两难。《国家新型城镇化规划（2014—2020年）》明确指出2020年实现1亿农民工进城落户，随着我国新型城镇化和农民工市民化的推进，一部分第二代和第三代农民工必然成为市民，另外一部分则重新面临回乡还是留城的选择，新型职业农民必将成为部分第二代和第三代农民工的选择。

(二) 新型职业农民群体形成的原因

（1）城乡协调发展的内在需要。2010年以来，得益于国家强农惠农助农政策的加速支持，城乡收入差距开始逐步缩小，但与改革开放初期相比，仍维持在高位，2016年城乡收入比仍达到2.72∶1。党的十八届五中全会将坚持协调发展作为五大发展理念之一，在推动城乡区域协调发展上，把促进城乡区域要素的有序自由流动和基本公共服务均等化作为城乡区域协调的着力点和基本手段。李克强总理曾指出，城镇化与农业现代化相辅相成是新型四化的必然要求。当前，理应适应农村富余劳动力向城市转移的大趋势，在加快新型城镇化建设的同时，必须重视城乡要素的流动与交换，促进现代农业的发展。这在客观上要求以新型农业经营主体为代表的大批新型职业农民来从事农业生产和经营活动，提高农业的生产效率。一方面解决未来谁来种地的问题，另一方面提高农业生产效益，提高农民的收入，进一步缩小城乡差距，使现代农业和城镇化能够协调发展，城乡协调发展，最终实现一种帕累托改进。

（2）经济新常态下经济发展的制度"适应性效率"。我国经济已步入新常态，经济增速需要调速换挡，需要转变经济发展方式，需要深化改革、创新体制机制，需要由过去主要依靠第二产业带动向第一、第二、第三产业协同带动转变，由依靠能源消耗的粗放式发展向依靠科技进步、劳动者素质提高、管理创新转变的集约式增长转变。经济新常态下，我国现代农业发展面临着诸多约束，包括资源约束、环境约束、经营方式约束等。我国现代农业发展必须依靠加快农业发展方式的转变，从依靠资源消耗、农资投入及牺牲生态环境的粗放经营，尽快转到注重提高质量和效益的集约经营上来。诺思认为，长期经济增长的关键是制度的适应性效率而非资源配置效率。因此，应该坚持问题导向，从制约现代农业的主要因素入手，围绕适应经济新常态培育新的农业发展方式深化改革，围绕现代农业产业转型升级深化改革，围绕农民创业创新驱动深化改革，创造公平竞争的农村市场环境。因而，要大力培育新型职业农民，提升职业农民素质，开展农民科技培训，提高农技推广应用水平，使农民能够掌握现代农业科学技术，运用现代经营理念去经营农业、管理家庭农场和农业企业，实现粮食增产、农民增收和农业增效。进一步激发新的农村市场主体的发展潜能，增强农村经济内生增长动力。

（3）经济新常态下现代农业发展的"胡萝卜"效应。经济新常态下，农业总体上属于卖方市场，作为经济发展新增长点前景可期，从农业内涵和外延上发掘现代农业产业对农业生产经营者的吸引力，充分发挥现代农业发展的"胡萝卜"效应。传统农民主要是小规模分散经营，而新型职业农民更多从事商品化、集约化、规模化、专业化、组织化、社会化的现代农业生产经营活动。标准化、机械化、高科技的现代农业能减轻农业劳动者的劳动强度，增加劳动者的愉悦感，让农民体面地工作；通过适度规模经营能够分享农地流转改革带来的实惠，加上国家财政支农政策，获得体面的经济收入。现代农业发展促进了家庭农场、农民专业合作社、种养大户和农业企业等新型农业经营主体的快速发展。目前，平均规模在200亩以上的家庭农场达87万家，平均规模在50亩到200亩的专业大户达317万户，各类农民合作社达到128万家，产业化经营组织33万个，其中农业产业化龙头企业12万家①。这些新型农业经营主体的利润率达到甚至超过社会平均水平、收益达到甚至超过当地平均水平的行业，对一些分散经营的农民、进城务工人员及少数大学生已产生一定的吸引力，有利于形成新型职业农民群体。一部分新型职业农民正尝试"机械化+科技化+适度规模"的经营模式，探索"互联网+"农业的发展方式，在政府的引导下走中国特色现代农业发展道路。

---

① 张红宇：《新常态下现代农业发展与体制机制创新》，http://www.caixin.com.，2015年2月13日。

二 经济新常态下新型职业农民培育的逻辑路径

当前农民有多元就业选择,主流的选择有两种,一是选择流向城市,或务工或市民化,二是选择留守农村、从事农业生产、经营。经济收入高和完善的公共服务体系成为农民流向城市的强大拉力,影响农民的职业选择。农业现代化必将是由新型职业农民来完成,然而新型职业农民十分短缺,需要加大培育力度。

经济新常态下,现代农业的发展对农民的素质和经营方式的转变高度依赖,只有拥有高素质的农民才能实现现代农业。那么,如何实现新型职业农民的培育呢?其培育机理又是怎样的呢?培育新型职业农民,首先,农民个体应有从事农业的就业偏好、坚信务农也能获得好收益、接受过一定的职业教育或培训、拥有较高的农村就业能力与较明确的职业发展规划;其次,农业产业转型升级、农业政策制度的激励及新型农业经营主体的示范带动也将影响新型职业农民的成长和发展。新型职业农民培育的逻辑路径如图4-1所示。

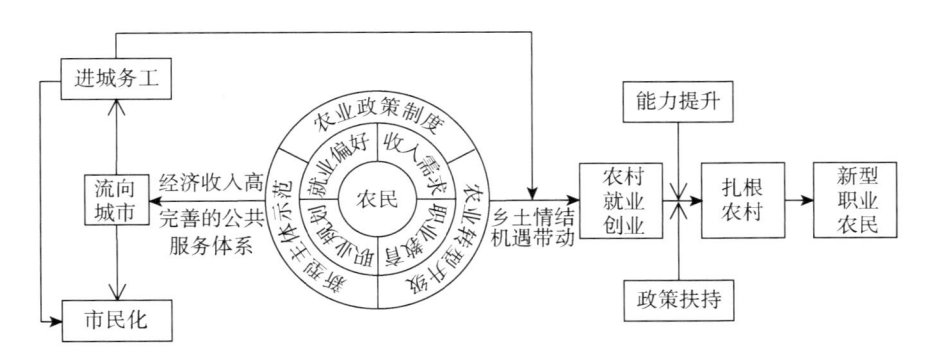

图4-1 新型职业农民培育的逻辑路径

(一)新型职业农民培育的两大路径

事物发展的根本原因,不是在事物的外部而是在事物的内部,内因是事物发展的根本原因，外因或"外生性"因素则是内部变化的条件，外因要依靠内因发挥作用。在市场经济条件下，我国应坚持走"内生主导、外生推动"的新型职业农民培育之路。

1. 内生性培育

意指农民源于内心的理性职业选择行为，从而自觉追求转型成为新型职业农民的成长行为，这种培育路径与下面四种因素密切相关。

（1）就业偏好。农民，除少数第二代、第三代农民工，大多出生在农村、成长在农村，多数拥有承包地，有从事农业生产的先天优势和先决条件。农民选择务农，将意味着获得高存在感与归属感，不必漂泊在城市；能够呼吸新鲜的空气，不必遭受雾霾的污染；能够自由地安排工作的时间，不必接受上下班的约束；可以享受亲情温暖，不必品尝思念之苦。

（2）收入需求。从算经济账的角度看，城镇的消费支出往往会大于农村的消费，因此有些农民尽可能到城镇赚钱在农村花，将"理性经济人"表现得淋漓尽致，所以一旦在农村能获得合算的经济收入，一些农民就会留在农村就业而不愿意进城务工。

（3）职业教育。只有高素质的农业劳动力才能掌握先进的农业生产技术和管理方法，才能普及现代化的农业机械，才能大幅度提高农业劳动生产率，真正实现农业增长方式由传统的粗放型向集约化、专业化、组织化转变。然而，当前中国除了部分已实现规模经营的地区外，大多数农户仍然沿用一家一户的生产经营方式，农业科技人才总量偏少，农业科技成果推广应用缓慢。如果能进一步大力发展农业职业教育，农民能掌握现代农业生产技术与操作技能，能熟练运用新型农业机械从事农业生产，能主动推广和应用优质高效的农业生产新技术，并拥有现代经营与管理知识，具备一定的开拓精神，懂经营、会管理，那么相信不仅能破解上述问题，而且农民也乐于在农村就业。

（4）职业规划。每一个人都有自己的理想，包括职业理想。职业理想的实现必须依赖于职业规划的制定与执行，从而激励人们不断上进，并成为本行业的行家里手。但是，大多数农民缺乏自我认知，对就业信息了解不充分，学习培训的需求难以有效实现，理想与现实差异大。这些因素导致职业选择迷茫、职业定位模糊、职业规划欠缺，阻碍着农民实现他们的职业理想。在农村就业创业的理想，或成为农村实用人才，或成为农村致富带头人，或成为新型农业经营主体，或创建农业自有品牌，或成为农村发展榜样，或将农产品外销，诸如此类的理想都可能激励农民不断加强学习和培训，尝试制定职业发展规划，成为一个真正的新型职业农民，最终实现自己的理想。

2. 外生性培育

意指农民源于外在因素而作出的职业选择行为，这种培育路径与下面三种因素密切相关。

（1）现代农业转型升级的召唤。当前，我国正处于传统农业向现代农业转型升级的关键时期。农业生产经营方式正向主体多元、领域拓宽、广泛采用农业机械和现代科技转变，现代农业开始逐步发展成为一、二、三次产业高度融合的"六次产业"体系。农业发展已进入主要依靠科技进步的新轨道，2014年农业科技进步贡献率达到55.6%。但总体而言，我国农业劳动生产率仍然偏低，仅为世界平均水平的1/2。现代农业转型升级需要由新型职业农民来完成，只有大批具有较强市场意识、懂经营、会管理、有技术的新型职业农民才能开创中国现代农业新天地。在发展现代农业时，农民可能重新进行专业分工并获得不错的经济效益，从而吸引更多的人成为新型职业农民。

（2）农业政策与制度的引导和扶持。培育新型职业农民是一项关系"三农"长远发展的基础性、长期性的工作。2012年8月，农业部启动了新型职业农民培育试点工作，不断强化农民教育培训体系建设、积极探索新型职业农民认定管理方式、加大新型职业农民政策扶持，等等。中央加大了新型职业农民培育的顶层设计，从国家到地方政府都在积极探索制度安排和政策跟进的有效途径，正有效形成新型职业农民培育的政策和措施体系。这些制度设计和政策扶持体系不断激励农业生产经营能人留在农村、大中专毕业生回到农村就业创业，更多高素质农民通过教育培训成长为职业农民。

（3）新型农业经营主体示范带动。当前，中国农民群体正在发生结构性变化，专业大户、家庭农场、农民专业合作社、农业企业等新型农业经营主体正大放光彩，他们依靠专业化生产经营获取最大化的收益，并且享受到国家和地方政府的种植补贴、技术扶持等多项优惠政策。这些新型农业经营主体对一些职业发展目标不明确、受挫能力较低的农民尤其是青年农民榜样激励作用很大，并且可以成为新型职业农民培育实训基地，以扩大其示范带动作用。

（二）新型职业农民培育的动力源

无论是内生性培育还是外生性培育，新型职业农民的职业选择和快速成长都与一些因素紧密相关，成为其发展的动力源泉。

（1）乡土情结。从现有的新型农业经营主体来看，除了种田的经验多外，他们对土地、对农村都有着深厚的感情。农村中40岁以下的年轻人大多或求学、或打工，已不再从事农业生产经营。因此，特别是随着美丽乡村建设和乡村振兴战略的实施，那些拥有强烈的乡土情结的人们最有可能坚守或返回农村，成为新型职业农民、发展现代农业的人。

（2）机遇带动。产业发展给农民带来了很好的发展机遇。基于地方资源禀赋发展优势特色产业，形成产业整体规划，"一乡一业、一村一品"有利于促进职业农民的培养。如课题组调研发现，湖北孝昌县围绕苗木产业发展，很好地实现了职业农民培养、经营主体发育和农业产业发展相结合相促进齐头并进的良好态势，40岁以下的农民大多愿意留在农村发展苗木产业，不再外出务工，并且获得了很好的经济收益，人民生活富裕、社会和谐文明。

（3）政策扶持。按照中央统一部署，农业部提出制度框架，各地政府在实践中不断丰富和完善，当前我国已初步构建起教育培训、认定管理与政策扶持"三位一体"的新型职业农民培育制度体系。全国100个试点县中，已有88个县建立了新型职业农民教育培训制度，73个县制定了认定管理办法，61个县明确了扶持政策。这些制度与政策让广大农民吃上了"定心丸"，提高了农业经济效益，看到了发展农业的希望，坚定了他们成为新型职业农民的信念。

（4）能力提升。在新型职业农民培养和成长过程中，农业劳动者的从业技能和综合素质得以提升，他们开始学会将农业作为产业进行经营，学习使用最新现代农业科技成果，充分利用市场机制和规则获取报酬，从而实现利润最大化。

第三节　本章小结

本章根据制度经济学理论阐明，中国现代农业发展制度不均衡将诱发新型职业农民培育行为；新型职业农民个体和群体形成都有着特定的理论缘由，由此构建起经济新常态下新型职业农民培育的基本理论分析框架。

（1）为什么要培育新型职业农民？参照林毅夫的分析方法，本章从制度非均衡视角分析了培育新型职业农民的制度性原因。从内部因素来看，未来"谁来种地"、人地矛盾、技术进步与农民科技素质低的矛盾、农业新业态催生高收益的新型农业经营主体等产生了培育新型职业农民的要求；从外部因素来看，规模经营成为可能、农业机械化水平提高、国际国内粮价倒挂、新型农业经营主体发展环境变好等因素进一步形成新型职业农民培育的大环境。由此，从中央政府到地方政府都在推进新型职业农民培育，并获得了一定的成效与经验。在这种制度变迁背景下，职业农民选择行为给农民带来了实实在在的收益，农民期待有更好、更完善的新型职业农民培育制度。

（2）从理论上回答了如何培育新型职业农民。在多元就业条件下，职业农民选择是一种理性的经济人决策，新型职业农民群体的形成是对新常态、新时代现代农业发展的一种积极响应。新型职业农民有内生性和外生性两种培育路径，经济新常态下应坚持"内生主导、外生推动"的培育之路，充分发挥农民的乡土情结召唤、机遇带动、政策扶持及职业能力提高等因素的促进作用。

第五章　新型职业农民培育的实证分析

第四章的理论分析回答了为什么要培育新型职业农民以及如何培育新型职业农民的问题，本章将基于 7 省区 21 县（市）1512 个样本数据资料进行实证分析，以期为新型职业农民培育提供经验证据支撑。由于就业能力是新型职业农民发展的根本，首先，利用层次分析法和因子分析构建就业能力指标体系与评价方法体系，找出新型职业农民培育的关键能力因子；其次，采用 Logit 回归模型探寻新型职业农民培育的显著性影响因素，为实现精准培育提供证据；最后，运用三阶段 DEA 模型测度新型职业农民和省域职业农民的农业生产效率，从而明确新型职业农民农业生产效率的提升关键点，为促进新型职业农民群体的发展壮大指明方向。

第一节　新型职业农民就业能力实证分析[①]

就业是民生之本、安邦之策、和谐之基。农民就业直接关系到农民收入和农村发展。收入是农民最关心的问题，尽管在粮食实现连增

[①] 本小节主要内容作为阶段性研究成果，以《新型职业农民就业能力实证研究》为题 2019 年 12 月首发于《重庆大学学报》（社会科学版）。

的同时农民收入同时实现了连续较快增长,但应该清醒地认识到经济新常态下农民的增收基础比较脆弱,增收渠道有待拓宽,增收长效机制尚未建立,城乡收入差距仍然较大。正如温铁军所言,农民在"三农"问题中是第一位的,农民就业执"三农"问题之牛耳[①]。就业能力是保障劳动力充分就业的重要基础。只有根据新型职业农民的就业能力指标培育职业农民,引导他们由生存导向向发展导向转变,才能切实培养一支懂农、务农、爱农的队伍,促进农业农村现代化和乡村振兴战略的实现。

一 就业能力评价指标体系构建

(一) 层次分析法

在日常生活当中,事物之间总是存在着错综复杂的关系。为了厘清这些关系,我们不需要那些过于复杂的思维方式,因为复杂的思维方式可能会让问题变得难上加难。我们真正需要的是一种条理清晰,同时能够反映出事物复杂性的思维方式,层次分析法(The Analytical Hierarchy Process,AHP)恰好就是这样的一种分析方法。层次分析法是20世纪70年代中期由美国运筹学家萨蒂(T. L. Saaty)在网络系统理论和多目标综合评价方法的基础上正式提出的一种将定性分析与定量分析相结合的方法[②]。它的主要思想是将一个复杂的无结构的问题分解为它的各个组成部分(或要素),建立层次模型;然后根据某一准则,对这些要素逐对比较得出相对重要性并建立判断矩阵;再通过数学方法得到该层元素对于该准则的权重值;最后计算得到各层次要素对于总目标的组合权重并据此选择最优方案。

[①] 华强:《温铁军:农民问题主要是就业问题》,《投资者报》2010年1月10日。
[②] 许树柏:《实用方法决策:层次分析法原理》,天津大学出版社1988年版。

（二）评价指标初步构建

我们认为新型职业农民的就业能力应该包括：（1）能获得农业生产和经营的机会；（2）能适应现代农业发展的要求，在从事现代农业中获取较高的经济收益；（3）能保持学习，并不断提升农村发展的各方面综合素质和社会网络关系；（4）有并保持在农村实现个人职业生涯的愿望。因此，我们把新型职业农民就业能力界定为：通过学习现代农业生产和经营方式及技术，不断提升个人人力资本和社会资本，能够胜任并从事农业生产和经营活动，立志务农并能获得较高经济收益和实现人生价值的态度、知识、技能、社会关系、规划职业生涯等素质的总和。

课题组采用德尔菲法初步构建起如图 5-1 所示的新型职业农民就业能力结构模型[①]。第一层为目标层，即新型职业农民就业能力的综合评价。第二层为准则层（一级指标），包括职业认同、职业适应性、人力资本、社会资本、职业专长、职业发展六个维度。第三层为指标层（二级指标），这些指标都能够直接通过调查获取，是用于分析的评价指标，共计 31 项（$X_1 - X_{31}$）。

（三）比较判断矩阵构建

根据研究的需要，为了确定准则层六项一级指标的权重大小以及指标层 31 项二级指标的权重大小（及组合权重），本书前述 20 位专家对各个评价指标的相对重要性进行评判，采用 1—9 的比例标度法作为评判依据给出相应的分值。若两个指标重要性相同，那么这两个指标的相对权重得分值为 1。以此类推，打分规则的具体说明如表 5-1 所示。

[①] 根据上述新型职业农民的就业能力的界定，借鉴 Fugate 提出的个体就业能力三维度，经过 3 阶段匿名咨询 5 位农业经济学教授、5 位农业系统行政领导、5 位农广校领导、5 位新型职业农民，构建新型职业农民就业能力结构模型。

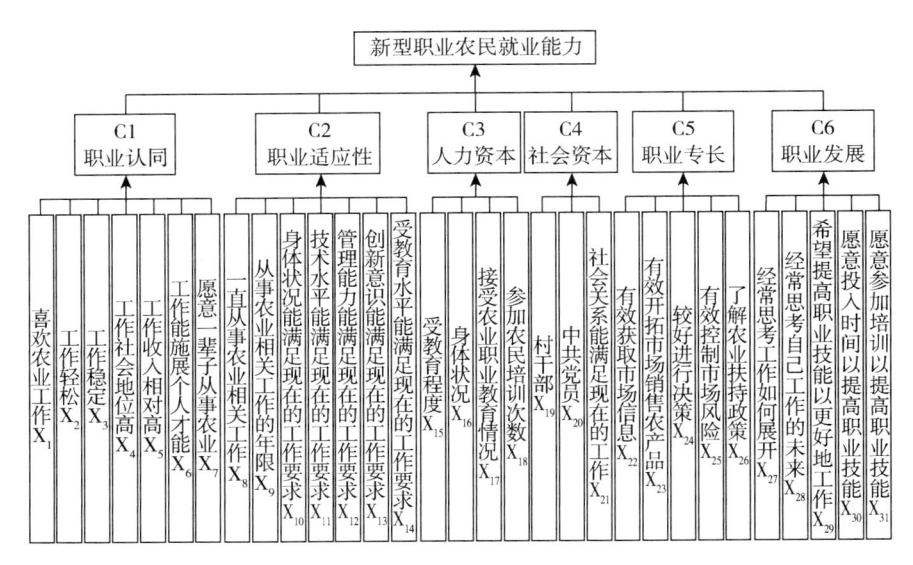

图 5-1 新型职业农民就业能力结构模型

表 5-1　　　　　　　　　　1—9 比例标度法

重要程度	定义	词语描述
1	同等重要	两个元素作用相同
3	稍强	一个元素比另一个元素作用稍强
5	强	一个元素明显强于另一个元素
7	很强	一个元素强于另一个元素的幅度很大
9	绝对强	一个元素强于另一个元素可控制的最大幅度
2、4、6、8	以上那些标度的中间值	以上那些标度的中间值

注：详见附录3。

从层次分析结构模型的最上层——目标层开始分析，课题组逐层设计指标两两比较的判断矩阵打分表。由于所涉及的打分表数目较多，此处仅列出准则层相对于目标层的权重大小打分表，如表5-2所示。将设计的表格分发给专家，由专家书面作出回答，最后进行汇总。将汇总后的数据导入 Yaahp 软件对矩阵进行求解并检验一致性。若矩阵不具有一致性，则让专家重新审慎填写表格，直至具有比较满意的一致性为止。

在以目标层（G）为准则的前提下，比较职业认同（C1）、职业适应性（C2）、人力资本（C3）、社会资本（C4）、职业专长（C5）、职业发展（C6）的相对重要程度时，将汇总后的数据导入 Yaahp 软件后，得到的准则层指标两两对比判断矩阵如表 5-3 所示。其中，Wi 为 C1—C6 这六个准则层指标相对于目标层的权重大小；λmax 为判断矩阵的最大特征值。为节省篇幅，分别以六个准则层一级指标 C1—C6 为准则时，所得到的六个判断矩阵不在此列出。

表 5-2　　　　新型职业农民就业能力两两比较判断矩阵打分

G	C1	C2	C3	C4	C5	C6
C1						
C2						
C3						
C4						
C5						
C6						

表 5-3　　　　　　　　　判断矩阵 G

G	C1	C2	C3	C4	C5	C6	Wi	λmax
C1	1	0.5882	0.2	0.5882	0.5	1	0.0848	6.3607
C2	1.7	1	0.3333	0.5	0.2222	0.6667	0.083	—
C3	5	3	1	0.7692	0.625	3.3333	0.2486	—
C4	1.7	2	1.3	1	0.3333	1	0.1572	—
C5	2	4.5	1.6	3	1	3.3333	0.326	—
C6	1	1.5	0.3	1	0.3	1	0.1005	—

将七个判断矩阵数据整合后，可以得出新型职业农民就业能力指标体系中各级指标的权重，如图 5-2 所示。图 5-2 更能直观地比较各层

次间权重大小,并能以此计算各指标的最终权重(最终权重为二级指标所占权重与该二级指标所对应的一级指标所占权重的乘积)。二级指标最终权重如表 5-4 所示,其中,$X_1—X_{31}$ 按照顺序与 C11—C17、C21—C27、C31—C34、C41—C43、C51—C55、C61—C65 一一对应。

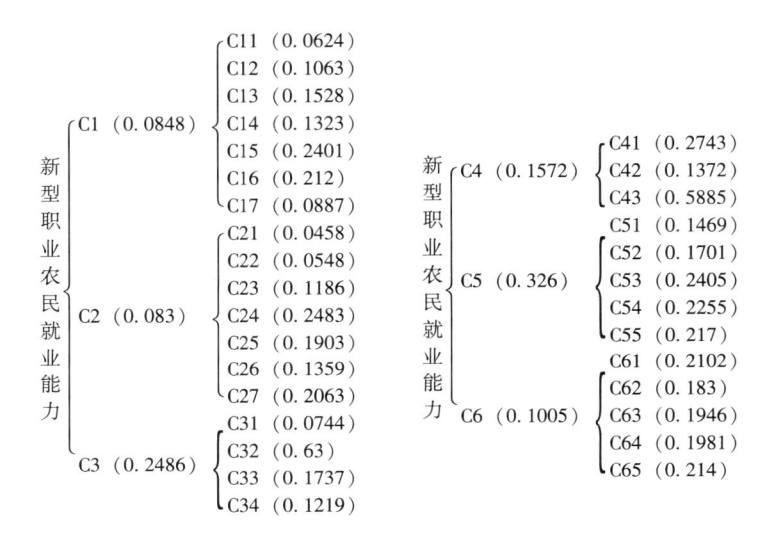

```
                    ┌ C11 (0.0624)
                    │ C12 (0.1063)
                    │ C13 (0.1528)                         ┌ C41 (0.2743)
         C1 (0.0848) ┤ C14 (0.1323)              C4 (0.1572) ┤ C42 (0.1372)
                    │ C15 (0.2401)                         └ C43 (0.5885)
                    │ C16 (0.212)
                    └ C17 (0.0887)                         ┌ C51 (0.1469)
                                                          │ C52 (0.1701)
                    ┌ C21 (0.0458)              C5 (0.326) ┤ C53 (0.2405)
                    │ C22 (0.0548)                         │ C54 (0.2255)
                    │ C23 (0.1186)                         └ C55 (0.217)
         C2 (0.083) ┤ C24 (0.2483)
                    │ C25 (0.1903)                         ┌ C61 (0.2102)
                    │ C26 (0.1359)                         │ C62 (0.183)
                    └ C27 (0.2063)              C6 (0.1005) ┤ C63 (0.1946)
                                                          │ C64 (0.1981)
                    ┌ C31 (0.0744)                         └ C65 (0.214)
         C3 (0.2486) ┤ C32 (0.63)
                    │ C33 (0.1737)
                    └ C34 (0.1219)
```

图 5-2 新型职业农民就业能力指标权重系数

(四)一致性检验

为确保由层次分析法所得到权重的合理性和正确性,我们对所涉及的每个判断矩阵都进行了一致性检验,将无法通过一致性检验的矩阵所涉及的指标再反馈给打分专家,让他们对指标分值进行更加审慎的分配,直至具有满意的一致性。

表 5-4　　　　　　　　　指标最终权重

X_1	X_2	X_3	X_4	X_5	X_6	X_7	X_8
0.005292	0.009014	0.013415	0.011219	0.02036	0.017978	0.007522	0.003801
X_9	X_{10}	X_{11}	X_{12}	X_{13}	X_{14}	X_{15}	X_{16}
0.004548	0.009844	0.020609	0.015795	0.01128	0.017123	0.018496	0.156618

X_{17}	X_{18}	X_{19}	X_{20}	X_{21}	X_{22}	X_{23}	X_{24}
0.043182	0.030304	0.04312	0.021568	0.092512	0.047889	0.055453	0.078403
X_{25}	X_{26}	X_{27}	X_{28}	X_{29}	X_{30}	X_{31}	
0.073513	0.070742	0.021125	0.018392	0.019557	0.019909	0.021507	

设 n 为判断矩阵阶数，检验一致性的指标为一致性比率 CR，CR = CI/RI。其中，CI 为度量判断矩阵偏离一致性的程度指标：$CI = \frac{\lambda - n}{n - 1}$，λ 为上述表格中的最大特征值 λmax。RI 为平均随机一致性指标，当判断矩阵的阶数 n 为 2—10 时，判断矩阵所对应的平均随机一致性指标 RI 值如表 5-5 所示。

表 5-5　　　　　　　　RI 取值与矩阵阶数的关系

矩阵阶数（n）	1	2	3	4	5	6	7	8	9	10
RI	0.00	0.00	0.58	0.90	1.12	1.24	1.32	1.41	1.45	1.49

当 CR < 0.1 时，我们据此认为判断矩阵具有满意的一致性，而当 CR = 0 时则具有完全一致性；否则需要调整判断值，直到通过一致性检验为止。

Yaahp 软件的输出结果显示，七个判断矩阵的 CR 值分别为 0.0573、0.0478、0.0366、0.0691、0.0047、0.0472、0.0579。这些值均小于 0.1 这一临界值，所以这些判断矩阵具有满意的一致性。

当判断矩阵具有满意的一致性时，表明上述层次分析法所得权重正确且合理，这在一定程度上表明课题组选取的 31 个二级指标的合理性。但是仅仅运用层次分析法对指标赋权具有极强的主观性，不一定能够反映出社会现实状况，所以，需要用客观的赋权法对其进行检验和补充说明。

二 新型职业农民就业能力评价

课题组基于德尔菲法和层次分析法构建了完整的新型职业农民就业能力指标体系，下面将运用客观赋权的因子分析法构建起评价方法体系并客观真实评价我国新型职业农民的就业能力。

（一）因子分析法

因子分析法是主成分分析法在多元统计分析中的进一步发展。因子分析法以原始变量的相关矩阵为出发点、以降维为切入点，以描述原始变量相关关系为落脚点，将具有复杂关系系列相关变量提炼缩减成少数几个公共因子的一种多变量统计处理分析方法。本书对影响新型职业农民就业能力的 31 个二级指标（原始变量）进行相关性分析。根据原始变量之间相关性的大小，将原始变量分为不同的组，每一小组代表一个基本结构。同一组组内变量间的相关性较大，而不同组之间变量的相关性较小，得到的每一结构即为公共因子。公共因子能够覆盖原始变量的绝大部分信息，且公共因子之间信息的交叉较小，这样更易抓住复杂问题的主要矛盾，从而简化问题，提高分析效率。

本部分研究的样本量为 679 个，设 P 为指标个数，$X = (X_1, X_2, \cdots, X_P)$ 为可观测随机向量。F 为标准化后的公共因子，$F = (F_1, F_2, \cdots, F_f)^T$ $(f<P)$ 为不可观测随机向量。因子分析模型为 $X = AF + \varepsilon$，其中，因子载荷矩阵 $A = (a_{ij})$，a_{ij} 的绝对值越大表明 X_i 与 F_j 的相关性越大；ε 为特殊因子且与 F 相互独立。

（二）数据来源与信效度检验

本书根据上述德尔菲法初步构建的新型职业农民就业能力指标评价体系，设计了《新型职业农民就业能力调查问卷》，问卷所涉及问题由上述 31 个二级指标构成，问卷均采用通俗易懂的语言，以便受调查对象填写问卷。调查问卷由前述的 1512 个农户调查所得,其中,679 份为新型职业农民资料。

得到所需数据后,需要对问卷进行信效度检验,以此来验证问卷指标体系设计是否科学。信度检验即为内部一致性检验,α 系数为信度的检验指标,将数据导入 SPSS 软件后得到 α 系数值为 0.813(见表 5-6),由 α 系数的检验标准可知,该指标体系很可信,即该指标体系具有较好的内部一致性。KMO 检验与 Bartlett's 球形检验即为建构效度检验,在进行因子分析法之前,我们需要对 P 个指标进行相关性检验。指标间较强的相关性是进行因子分析法降维的基本前提。KMO 检验与 Bartlett's 球形检验是检验指标间相关性的常用方法。将数据导入 SPSS 软件后所得结果如表 5-6 所示:

表 5-6　　　　　　KMO 检验和 Bartlett's 球形检验

KMO 检验		0.813
Bartlett's 球形检验	近似卡方	4835.371
	df	465
	Sig.	0.000

Bartlett's 球形检验的原假设为:所选指标之间相互独立。依据 KMO 检验与 Bartlett's 球形检验的相关原理,从表 5-6 可知,KMO = 0.813 > 0.6,即证明所收集数据适合做因子分析;Bartlett's 球形检验的显著性水平为 0,即拒绝原假设,证明本书所选取的 31 个指标之间存在相关性,同样适合做因子分析。

(三) 评价结果

根据回收的有效调查问卷所获取的数据,在进行 KMO 检验与 Bartlett's 球形检验后进行如下因子分析。

1. 公共因子的提取

KMO 检验与 Bartlett's 球形检验的结果表明,选取的 31 个二级指标适宜进行因子分析。公共因子的提取方法有很多，如主成分法、主轴因子法、极大似然法等。在原始变量及其样本量较多的时候，不同方法所得出结果一般并无明显区别。而在大多数情况下，主成分法提取公共因子的效果是最佳的，SPSS 软件默认的提取公共因子的方法即为主成分法。课题组将收集到的数据导入 SPSS19.0 软件后，因子分析输出结果如表 5-7 所示。Kaiser（1960）认为选取公共因子的一般原则为特征值大于 1，由表 5-7 可知，应选取 9 个公共因子[①]。

表 5-7　　　　　　　　　　总方差解释

	合计	方差贡献率（%）	累积贡献率（%）
1	5.771	18.617	18.617
2	2.685	8.661	27.278
3	2.099	6.771	34.048
4	1.832	5.911	39.959
5	1.498	4.834	44.793
6	1.386	4.469	49.262
7	1.237	3.990	53.252
8	1.077	3.474	56.726
9	1.043	3.365	60.091
10	0.931	3.003	63.095

提取公共因子的最重要的目的是了解每一个公共因子的现实意义，而表 5-7 中所得的公共因子为初始公共因子，其意义比较模糊，不便于在其基础上对实际问题进行有效分析，而因子旋转能够有效解决这一问题。因子旋转包括正交旋转和斜交旋转，SPSS 软件默认的旋转方法为方差最大正交旋转，旋转后的公共因子不改变总的方差贡献率，旋转后因子载荷如表 5-8 所示。

[①] Kaiser Henry F., The Application of Electronic Computers to Factor Analysis, *Educational & Psychological Measurement*, 1960, 20 (1), pp.141-151.

表 5-8 表明，选取的 9 个主成分的方差贡献率从大到小依次为 14.042%、7.857%、6.619%、6.302%、5.745%、5.494%、5.116%、4.785%、4.132%，累计方差贡献率为 60.091%。陈耀辉、陈万琳认为累计方差贡献率大于 60% 且特征值均大于 1 的公共因子覆盖了原始变量的大部分信息[①]。因此，本书的 9 个公共因子具有足够的代表作用，基本上能够反映出样本的核心信息。

表 5-8　　　　　　　　　　旋转后因子载荷

公共因子	旋转平方和载入		
	合计	方差贡献率（%）	累积方差贡献率（%）
F_1	4.353	14.042	14.042
F_2	2.436	7.857	21.899
F_3	2.052	6.619	28.518
F_4	1.954	6.302	34.820
F_5	1.781	5.745	40.565
F_6	1.703	5.494	46.059
F_7	1.586	5.116	51.175
F_8	1.483	4.785	55.959
F_9	1.281	4.132	60.091

2. 公共因子的命名

因子旋转的目的就是解释所提取的公共因子的现实意义。由于 SPSS 软件得出的初始载荷矩阵不便观察公共因子在哪些原始指标上的载荷较大，为了便于得出结论，对因子载荷矩阵进行旋转，结果如表 5-9 所示。

[①] 陈耀辉、陈万琳：《江苏省城镇居民满意度评价分析》，《数理统计与管理》2013 年第 5 期。

表 5-9　　　　　　　　　旋转后因子载荷矩阵

公共因子＼变量	F_1	F_2	F_3	F_4	F_5	F_6	F_7	F_8	F_9
X_{23}	0.763	0.052	0.149	0.098	-0.014	-0.101	-0.004	0	-0.053
X_{14}	0.752	0.026	0.104	-0.049	0.001	0.087	-0.085	0.154	-0.034
X_{22}	0.731	0.145	0.058	-0.011	-0.052	0.129	0.009	0.087	-0.008
X_{13}	0.696	0.001	0.015	0.011	-0.042	0.188	0.048	0.276	-0.079
X_{11}	0.642	-0.128	0.183	0.11	-0.085	0.193	-0.001	0.035	0.08
X_{15}	0.61	0.158	-0.056	-0.266	0.087	-0.011	0.017	-0.019	0.221
X_{12}	0.525	-0.01	-0.074	0.118	-0.069	0.313	-0.021	0.409	0.001
X_{26}	0.48	0.274	0.075	0.095	0.142	-0.022	0.19	-0.249	0.163
X_{25}	0.459	-0.045	0.088	0.359	-0.015	-0.033	0.039	0.128	0.329
X_{30}	0.012	0.789	0.003	0.063	-0.111	0.215	-0.001	-0.003	-0.07
X_{29}	0.041	0.772	0.094	0.055	0.052	-0.006	-0.097	0.137	0.13
X_{31}	0.104	0.762	0.062	0.222	0.038	-0.064	0.079	0.106	0.04
X_3	0.114	0.132	0.732	0.081	0.004	0.007	0.053	0.114	0.024
X_2	0.082	0	0.642	0.095	-0.168	0.197	0.131	0.055	-0.032
X_{16}	0.008	0.173	0.55	-0.092	0.078	-0.061	-0.279	-0.17	-0.271
X_4	0.29	-0.102	0.531	0.07	0.048	0.229	-0.12	0.26	0.275
X_{27}	0.043	0.193	0.095	0.78	0.069	-0.064	0.024	0.007	-0.018
X_{28}	-0.14	0.276	-0.029	0.756	0.034	0.206	0.006	0.041	-0.079
X_{24}	0.481	-0.119	0.073	0.537	0.037	0.067	-0.026	0.046	0.043
X_{20}	0.002	-0.019	0.02	0.087	0.865	-0.097	0.112	0.041	0.045
X_{19}	-0.042	-0.037	-0.117	-0.032	0.798	0.203	0.108	-0.106	-0.005
X_{17}	-0.05	0.091	0.045	0.128	0.492	-0.159	-0.336	0.115	-0.363
X_{21}	0.264	0.148	0.092	0.079	-0.005	0.72	0.067	-0.027	-0.05
X_5	0.153	-0.119	0.413	-0.057	0.052	0.547	-0.263	0.163	0.127
X_8	0.088	0.087	0.158	-0.014	0.058	-0.138	0.764	-0.097	0.057
X_9	-0.08	-0.079	-0.16	0.045	0.1	0.096	0.744	0.16	0.019
X_6	0.268	0.094	0.258	-0.046	0.136	0.289	-0.105	0.601	0.124
X_7	0.287	0.288	0.006	0.016	-0.072	-0.302	0.179	0.552	0.008
X_1	0.126	0.316	0.235	0.26	-0.083	-0.067	0.1	0.477	-0.178

续表

公共因子 变量	F_1	F_2	F_3	F_4	F_5	F_6	F_7	F_8	F_9
X_{18}	0.089	0.149	0.022	0.003	-0.006	-0.005	0.066	-0.014	0.693
X_{10}	0.157	0.183	0.174	0.213	0.04	0.446	0.046	-0.008	-0.463

从表 5-9 可以看出，公共因子 F_1 在 X_{23}、X_{14}、X_{22}、X_{13}、X_{11}、X_{15} 上的载荷较大，包括载荷相对较小的 X_{12}、X_{26}、X_{25}，这些指标都是农民为了更好地从事农业工作，不断地学习从而不断地积累经验教训而形成的一种经营能力。经营能力这一因子方差贡献率为 14.042%，明显高于其他公共因子，这一点与层次分析法所得结果一致，层次分析法中较多的高权重二级指标都在这一公共因子上有较高的载荷，所以经营能力无论是从主观上还是客观上对于新型职业农民就业能力的影响都是最大的。公共因子 F_2 在 X_{30}、X_{29}、X_{31} 上的因子载荷较高，这三个指标共同的含义是农民是否能够主动学习，以更好地从事农业这项工作，称这个因子为工作意愿。公共因子 F_3 在 X_3、X_2、X_{16}、X_4 上的载荷较大，这四个指标代表的是工作匹配度，身体越健康且越适应农业这一职业就会越觉得工作稳定、轻松、地位高，更有利于提高新型职业农民的就业能力，而在层次分析法中身体状况在所有二级指标中的权重最高，所以工作匹配度对新型职业农民就业能力的影响也较大。公共因子 F_4 在 X_{27}、X_{28}、X_{24} 上的载荷较高，这几个指标代表一个人决策力，把未来的职业规划好并能够较好地进行决策，有助于提高新型职业农民的就业能力。公共因子 F_5 在 X_{20}、X_{19}、X_{17} 上的载荷较高，这些指标反映的是新型职业农民的政治背景，较强的政治背景有利于从事农业这一职业。公共因子 F_6 在 X_{21}、X_5 上的载荷较大，对于农业这一职业，一般而言社会关系网络越强大农民的收入会越高，而社交能力能很好地反映社会关系，较强的社交能力有利于提升新型职业农民

的就业能力。公共因子 F_7 在 X_8、X_9 上的载荷较大,这两个指标表达的是不管在何种情况下,新型职业农民都能坚守农业这一岗位,这种精神有利于提高新型职业农民的就业能力,称这一公共因子为职业忠诚度。公共因子 F_8 在 X_6、X_7、X_1 上的载荷较大,这些指标能够在一定程度上反映新型职业农民对农业这份职业的满意情况,称之为工作满意度,满意度越高越有利于提升新型职业农民的就业能力。公共因子 F_9 在 X_{18}、X_{10} 上的载荷较高,笔者将这一公共因子称为求知欲,求知欲越强,参加农民培训次数自然越多、越有利于提升新型职业农民就业能力。为了便于观察,将公共因子命名,如表 5-10 所示。

表 5-10   公共因子命名

公共因子	影响新型职业农民就业能力的因素	公共因子的命名
F_1	X_{23}、X_{14}、X_{22}、X_{13}、X_{11}、X_{15}、X_{12}、X_{26}、X_{25}	经营能力
F_2	X_{30}、X_{29}、X_{31}	工作意愿
F_3	X_3、X_2、X_{16}、X_4	工作匹配度
F_4	X_{27}、X_{28}、X_{24}	决策力
F_5	X_{20}、X_{19}、X_{17}	政治背景
F_6	X_{21}、X_5	社交能力
F_7	X_8、X_9	职业忠诚度
F_8	X_6、X_7、X_1	工作满意度
F_9	X_{18}、X_{10}	求知欲

3. 因子得分、评价方法及省域检验

为了研究每一个农民在各项公共因子上的表现,以及比较农民之间、省份之间的差异,需要对因子得分进行分析。而因子得分是公共因子在每一个样品点上对应的得分。因子得分系数矩阵如表 5-11 所示。

表 5-11 因子得分系数矩阵

公共因子 变量	F_1	F_2	F_3	F_4	F_5	F_6	F_7	F_8	F_9
X_1	-0.043	0.053	0.075	0.061	-0.051	-0.118	0.078	0.331	-0.159
X_2	-0.055	-0.051	0.358	0.01	-0.095	0.043	0.149	-0.043	-0.036
X_3	-0.046	0	0.42	-0.014	0.011	-0.105	0.081	-0.005	0.014
X_4	-0.038	-0.093	0.241	0.019	0.048	0.054	-0.066	0.121	0.233
X_5	-0.069	-0.057	0.141	-0.057	0.048	0.302	-0.131	0.069	0.148
X_6	-0.069	-0.001	0.032	-0.1	0.101	0.125	-0.06	0.437	0.105
X_7	0.025	0.069	-0.033	-0.06	-0.029	-0.246	0.092	0.415	-0.059
X_8	0.024	0.014	0.176	-0.06	0.019	-0.084	0.507	-0.112	-0.051
X_9	-0.065	-0.065	-0.056	-0.013	0.038	0.119	0.487	0.167	-0.052
X_{10}	0.029	0.048	0.018	0.034	-0.002	0.245	0.095	-0.087	-0.366
X_{11}	0.157	-0.091	0.035	0.053	-0.046	0.039	0	-0.095	0.014
X_{12}	0.074	-0.048	-0.173	0.025	-0.035	0.153	-0.022	0.257	-0.031
X_{13}	0.166	-0.034	-0.092	-0.046	-0.019	0.044	0.037	0.118	-0.136
X_{14}	0.207	-0.009	-0.025	-0.071	0.012	-0.04	-0.054	0.001	-0.096
X_{15}	0.021	0.012	0.009	0.037	0.275	-0.16	-0.208	0.108	-0.249
X_{16}	0.028	0.077	0.332	-0.097	0.051	-0.13	-0.117	-0.202	-0.198
X_{17}	-0.047	0.084	0.008	0.025	0.016	0.033	-0.039	-0.046	0.575
X_{18}	0.187	0.107	-0.07	-0.183	0.07	-0.032	-0.023	-0.104	0.11
X_{19}	-0.004	0.006	-0.062	-0.054	0.447	0.165	0.058	-0.059	0.021
X_{20}	-0.001	-0.03	0.039	0.014	0.489	-0.077	0.043	0.051	0.051
X_{21}	0.005	0.073	-0.064	-0.024	-0.013	0.469	0.075	-0.117	-0.026
X_{22}	0.201	0.05	-0.052	-0.06	-0.023	0.009	0	-0.063	-0.075
X_{23}	0.246	-0.015	0.038	0.024	-0.006	-0.177	-0.012	-0.14	-0.121
X_{24}	0.117	-0.137	-0.025	0.316	0.003	-0.043	-0.051	-0.067	0.028
X_{25}	0.079	-0.085	0.001	0.219	-0.009	-0.085	-0.034	0.01	0.247
X_{26}	0.162	0.121	0.035	0.014	0.076	-0.045	0.087	-0.322	0.086
X_{27}	-0.013	-0.019	0.018	0.434	0.005	-0.094	-0.03	-0.067	0.035
X_{28}	-0.091	0.039	-0.088	0.404	-0.019	0.131	-0.03	-0.013	0.019
X_{29}	-0.043	0.347	-0.009	-0.067	0.038	0	-0.102	0.038	0.141

续表

公共因子\变量	F_1	F_2	F_3	F_4	F_5	F_6	F_7	F_8	F_9
X_{30}	-0.029	0.369	-0.075	-0.074	-0.069	0.17	-0.009	-0.081	-0.026
X_{31}	-0.008	0.314	-0.016	0.023	0.016	-0.048	0.011	-0.002	0.046

由表5-11中各系数可以得到各公共因子由原始变量表示的表达式，如下：

$$\begin{cases} F_1 = -0.043X_1 - 0.055X_2 + \cdots - 0.008X_{31} \\ F_2 = 0.053X_1 - 0.051X_2 + \cdots + 0.314X_{31} \\ \cdots\cdots \\ F_9 = -0.159X_1 - 0.036X_2 + \cdots + 0.046X_{31} \end{cases} \quad (5-1)$$

依据上述函数表达式，可以计算出所调查的每一名新型职业农民的各项因子得分以及所涉及区域各因子得分的平均值。以公共因子的方差贡献率为权重，可以计算不同区域的综合得分，各区域综合得分表达式如下：

$$F = \sum_{i=1}^{9} (\lambda_i / \sum_{i=1}^{9} \lambda_i) F_i \quad (5-2)$$

式（5-1）、式（5-2）构成了新型职业农民就业能力评价方法体系。本书据此计算出不同省份公共因子得分情况以及不同省份公共因子的综合得分，计算结果如表5-12所示：

表5-12　　　　不同省份公共因子得分及综合得分

公共因子\省份	F_1	F_2	F_3	F_4	F_5	F_6	F_7	F_8	F_9	F
广东	0.508	1.270	0.915	1.165	1.368	1.846	4.971	2.484	-1.289	1.340
广西	0.273	0.417	0.299	0.835	1.600	1.930	6.417	2.467	-1.181	1.230

续表

公共因子 省份	F_1	F_2	F_3	F_4	F_5	F_6	F_7	F_8	F_9	F
黑龙江	-0.022	0.952	0.622	0.856	1.629	2.315	7.884	3.353	-1.132	1.506
湖北	0.148	1.099	0.482	0.962	1.492	1.767	6.408	3.079	-1.392	1.331
陕西	0.241	1.325	0.435	0.741	1.513	2.186	7.391	3.344	-0.535	1.558
浙江	0.164	1.240	0.259	1.067	2.020	2.179	7.741	3.595	-1.141	1.600
四川	-0.178	1.228	0.014	0.871	2.185	1.995	8.002	3.495	-1.861	1.435

如表 5-12 所示，从综合得分上来看，所调查省份综合得分由高到低依次为浙江＞陕西＞黑龙江＞四川＞广东＞湖北＞广西。浙江的新型职业农民就业能力最高，得分为 1.600；广西的新型职业农民就业能力平均得分最低，得分为 1.230。所有新型职业农民就业能力综合得分的平均值为 1.465。从各个公共因子的得分来看，F_1 为经营能力，因子得分越高，表明经营能力越强，新型职业农民的就业能力也越强。广东、广西、陕西在 F_1 上的得分较高，而黑龙江和四川的得分较低。F_2 为工作意愿，因子得分越高，表明从事农业工作的意愿越强烈，就业能力也越强。广西、黑龙江在 F_2 上得分与其他 5 个省份有明显的差距。F_3 为工作匹配度，因子得分越高，表明越能适应农业这一职业，越有利于提升就业能力。广东在 F_3 上的得分最高，四川的得分最低。F_4 为决策力，因子得分越高，表明新型职业农民决策和执行能力越强，越有利于提高新型职业农民的就业能力。广东在 F_4 上的得分最高。F_5 为政治背景，因子得分越高，表明这一区域党员与村干部更多，有利于提高新型职业农民的就业能力。浙江和四川在 F_5 上的得分明显高于其他 5 个省份。F_6 为社交能力，因子得分越高，表明社会关系越强大，有利于提高新型职业农民的就业能力。黑龙江在 F_6 上的得分最高，而湖北得分较低。F_7 为职业忠诚度，因子得分越高，表明新型职业农民越忠于农业岗位，就业能力也会越高。四川在 F_7 上的得分

最高，而广东得分最低。F_8 为工作满意度，因子得分越高，表明新型职业农民越满意农业这份工作，越有利于提高其就业能力。浙江在 F_8 上的得分最高，而广西得分最低。F_9 为求知欲，因子得分越高，表明农民求知欲越强，参加职业培训的次数越多，但从表 5 – 12 发现，所调查的各个省份在该因子上的得分都为负数，这表明农民参加培训的次数较少，也可能是相关机构提供的培训机会较少。

第二节　新型职业农民培育影响因素实证分析[①]

农业现代化要求培育新型职业农民，发展多种形式的适度规模经营，把农业潜在的产能逐步释放出来。农业适度规模经营对农业经营者的素质提出了更高要求，其最终结果是传统农民实现向新型职业农民的转变，新型职业农民必将是农业规模经营乃至农业现代化的重要推动力量[②]。为此，本节将基于 7 省区 21 县（市）1512 个农户的实地调研数据，深入探讨新型职业农民培育影响因素，以期增强培育的针对性，这将有利于精准发力培育新型职业农民，促进农业现代化的实现。

一　模型与变量选择

（一）模型选择

Logistic 回归是常见的社会科学研究中对定性变量的回归分析方法。它分为二维 Logistic 回归分析和多维 Logistic 回归分析，前者的因

[①] 本小节主要内容作为阶段性研究成果，以《新型职业农民培育影响因素及其精准培育研究》为题发表于《江西财经大学学报》2018 年第 3 期。

[②] 夏益国、宫春生：《粮食安全视阈下农业适度规模经营与新型职业农民——耦合机制、国际经验与启示》，《农业经济问题》2015 年第 5 期。

变量只能取 0 和 1，后者的因变量则可以取多个值。本小节研究农民是否为新型职业农民的分类变量为"是"和"不是"，所以选用 0—1 型因变量（0 表示不是，1 表示是）对应的二维 Logistic 回归模型进行分析。具体形式如下：

$$\log\left(\frac{P_i}{1-p_i}\right) = \alpha + \sum_{k=1}^{K}\beta_k x_{ki} + \mu \quad k=1,2,\cdots,K \quad (5-3)$$

其中，α 为截距项，β_k 为回归系数，x_{1i}，x_{2i}，$\cdots$，x_{ki} 为自变量，表示是否为新型职业农民的影响因素，μ 为随机误差项。在 Logistic 回归模型中，以 $p_i = P(y_i = 1 \mid x_{1i}, x_{2i}, \cdots, x_{ki})$ 表示在给定自变量 x_{1i}，x_{2i}，$\cdots$，x_{ki} 值的条件下发生的概率。

（二）变量选择

在模型指标的选择上，基于课题组前期对新型职业农民培育机理研究中的文献梳理，并结合新型职业农民的新特征，以是否为新型职业农民作为因变量，把自变量（影响指标）分为五个维度，即个人特征、家庭特征、职业培训、职业农民意愿和农业生产实践。

（1）个人特征。众多研究表明，农民个人特征与农民的就业选择、生产发展、投资决策等都具有相关性，那么个人特征与农民是否选择并最终成为新型职业农民理应有一定的关联性。在借鉴相关学者研究成果的基础上，本书将从性别、年龄、受教育程度、身体状况、从事农业相关工作年限和政治面貌（村干部或共产党党员）6 项指标考察个人特征是否影响农民成为新型职业农民。

（2）家庭特征。中国农民的决策往往受到家庭的影响，家庭成为人们毕生为之奋斗的理由。影响农民能否成为新型职业农民的可能的家庭特征主要包括 8 项指标：家庭人口、家庭土地承包面积、家庭拥有农机情况、家庭年总收入、家庭收入在当地情况、家庭农业人均纯收入、父亲是否从事农业、母亲是否从事农业（课题组考虑到城镇化的发展，很多农村壮年夫妻俩或丈夫进城务工从事非农产业，对下一代青年农民的择业观可能带来重大影响,因此分别设置了父亲、母亲是否从事农业 2 个指标)。

(3) 职业培训。新型职业农民需要拥有先进的农业发展理念和管理水平、掌握最新的农业生产技术,并且我国新型职业农民认定管理制度通常规定须参加一定的培训活动。职业培训变量主要考量指标有 3 项,包括是否愿意参加培训、去年参加农民培训的次数、是否接受过农业职业教育。

(4) 职业农民意愿。农民是否愿意成为新型职业农民与其本身的意愿应有很大的关联性,本书将农民对农村工作评价、现有工作评价、是否有工作规划、是否关注当地农业产业转型、是否经常自学农业技术或管理方面的知识、是否经常与其他农民交流农业技术或管理方面的知识 6 项指标纳入考量。

(5) 农业生产实践。从理性经济人视角来看,农业生产实践对农民成为新型职业农民有着关键性的作用,本书拟考察是否参加过农民合作社、平均亩产出、个人年纯收入、现在的农业效率是否比一般农户要高、是否熟悉当地农业政策、政府的惠农政策是否提高工作的信心、政府的惠农政策是否提高收入 7 项指标。

二 数据来源与变量说明

(一) 数据来源

前文所述的《新型职业农民培育调查问卷》中新型职业农民基本情况及影响因素 2 个板块。课题组最终获得了 1512 份完整的数据,为本书提供了翔实的第一手数据资料。

(二) 变量说明与描述性统计

本模型的因变量为 0 和 1,自变量包括个人特征、家庭特征、职业培训、职业农民意愿和农业生产实践五个维度 30 个指标,各个自变量指标的说明和统计描述如表 5-13 所示。

表 5-13　　　　　　　自变量指标的说明及统计描述

维度	变量名称	变量说明	极小值	极大值	均值
个人特征	性别	男=1；女=0	0	1	—
	年龄	被调查者实际年龄（岁）	18	68	41.59
	受教育程度	小学及以下=1；初中=2；高中=3；中专=4；大专及以上=5	1	5	—
	身体状况	很健康=1；健康=2；不太健康=3	1	3	—
	政治面貌（是否为村干部或中共党员）	都不是=0；是村干部或者党员=1；两者皆是=2	0	2	—
	从事农业相关工作年限	5年以下=1；5—10年=2；11—20年=3；20年以上=4	1	4	—
家庭特征	家庭人口	实际家庭人口数	1	13	4.24
	家庭土地承包面积	20亩以下=0；20亩及以上=1	0	1	—
	家庭拥有农机情况	有=1；无=0	0	1	—
	家庭年总收入	实际收入（万元）	1	120	11.58
	家庭收入在当地情况	富裕户=1；一般=2；不富裕=3	1	3	—
	家庭农业人均纯收入	农业劳动力纯收入（万元）	0.05	25	1.91
	父亲是否从事农业	是=1；否=0	0	1	—
	母亲是否从事农业	是=1；否=0	0	1	—
职业培训	是否愿意参加培训	愿意=1；无所谓=2；不愿意=3	1	3	—
	去年参加农民培训的次数	次数	0	20	1.36
	是否接受过农业职业教育	是=1；不是=0	0	1	—
职业农民意愿	农村工作评价	好=1；一般=2；不好=3	1	3	—
	现有工作评价	喜欢=1；一般=2；不喜欢=3	1	3	—
	是否有工作规划	是=1；偶尔=2；不是=3	1	3	—
	是否关注当地农业产业转型	是=1；不是=2；无所谓=3	1	3	—
	是否经常自学农业技术或管理方面的知识	是=1；偶尔=2；不是=3	1	3	—
	是否经常与其他农民交流农业技术或管理方面的知识	是=1；偶尔=2；不是=3	1	3	—

续表

维度	变量名称	变量说明	极小值	极大值	均值
农业生产实践	是否参加过农民合作社	是=1；不是=2；中途退出=3	1	3	—
	平均亩产出	元	0	50000	2290
	个人年纯收入	万元	0.2	100	7.24
	现在的农业效率是否比一般农户要高	是=1；差不多=2；不是=3	1	3	—
	是否熟悉当地农业政策	非常了解=1；了解一部分=2；不了解=3	1	3	—
	政府的惠农政策是否提高工作的信心	是=1；不是=2	1	2	—
	政府的惠农政策是否提高收入	是=1；不是=2	1	2	—

三　实证模型分析结果

本节利用SPSS 22对调查数据进行二维Logistic回归分析，在处理过程中，我们采用的是向后筛选法。先将所有的变量引入到回归方程中，然后再按照a=0.1的标准水平进行变量显著性检验。进一步，依据检验结果，将对因变量影响不显著的自变量剔除，再进行检验，直到自变量对因变量影响的检验结果全部达到10%及以下水平显著，如表5-14所示。而且，研究发现二维Logistic模型的拟合效果较好，似然比卡方检验1%水平显著，决定系数较高，并因此确定自变量。见表5-14。

表5-14　　　　　　　　综合检验

卡方	-2倍对数似然	Cox&Snell R^2	Nagelkerke R^2
156.236	68.052[a]	0.571	0.695

注：a为变量的显著水平。

最终影响农民能否培育成为新型职业农民的自变量共有18项，分别为：性别（X_1）、年龄（lnX_2）、受教育程度（X_3）、身体状况

(X_4)、政治面貌（X_5）、从事农业相关工作年限（X_6）、家庭人口（X_7）、家庭土地承包面积（X_8）、家庭拥有农机情况（X_9）、家庭年总收入（$\ln X_{10}$）、父亲是否从事农业（X_{11}）、母亲是否从事农业（X_{12}）、是否愿意参加培训（X_{13}）、是否接受过农业职业教育（X_{14}）、是否参加过农民合作社（X_{15}）、是否熟悉当地农业政策（X_{16}）、是否经常自学农业技术或管理方面的知识（X_{17}）、政府的惠农政策是否提高工作的信心（X_{18}），具体回归结果如表5–15所示。

表5–15　　　　　　　模型的参数估计与检验结果

维度	变量名称	变量	B	Wald	显著性（P值）
个人特征	性别	X_1	0.256	6.511	0.009
	年龄	$\ln X_2$	-0.093	4.099	0.052
	受教育程度	X_3	0.123	4.413	0.031
	身体状况	X_4	0.249	5.126	0.024
	政治面貌	X_5	0.163	4.684	0.032
	从事农业相关工作年限	X_6	-0.075	4.528	0.026
家庭特征	家庭人口	X_7	0.159	13.703	0.000
	家庭土地承包面积	X_8	0.359	7.053	0.008
	家庭拥有农机情况	X_9	0.264	4.426	0.035
	家庭年总收入	$\ln X_{10}$	0.081	4.962	0.021
	父亲是否从事农业	X_{11}	-0.233	3.903	0.068
	母亲是否从事农业	X_{12}	0.247	5.291	0.013
职业培训	是否愿意参加培训	X_{13}	0.192	5.539	0.011
	是否接受过农业职业教育	X_{14}	0.795	43.559	0.000
职业农民意愿	是否经常自学农业技术或管理方面的知识	X_{17}	0.415	18.715	0.000
农业生产实践	是否参加过农民合作社	X_{15}	0.168	5.283	0.031
	是否熟悉当地农业政策	X_{16}	0.209	3.802	0.051
	政府的惠农政策是否提高工作的信心	X_{18}	0.357	5.089	0.024
	常量		-3.425	9.518	0.002

注：年龄和家庭总收入采取了对数变换，以增强数据序列的平稳性。

表 5-15 显示，变量 X_1、X_7、X_8、X_{14}、X_{17} 的 P 值都小于 0.01，在 1% 的显著水平上通过了检验；变量 X_3、X_4、X_5、X_6、X_9、$\ln X_{10}$、X_{12}、X_{13}、X_{15}、X_{18} 在 5% 的水平上显著；只有 $\ln X_2$、X_{11}、X_{16} 共 3 个变量在 10% 的水平上显著，模型通过检验。

（1）在个人特征上，6 项考察指标均通过了显著性检验，其中有 4 项对新型职业农民培育具有正向影响。①性别影响新型职业农民的培育，且在 1% 水平上显著。相对而言，男性更易培育成为新型职业农民。男性在农村农业生产中，特别是学习农业新知识、新技术方面会投入更多。新型农业经营主体中以男性为主，而农村中的大部分女性则往往是留守妇女承担起了传统农作和照顾家庭的工作。②年龄对新型职业农民培育具有负向影响，年龄越大越难以培育成为新型职业农民，这提醒我们应选择年轻人作为新型职业农民培育主体。③受教育程度对新型职业农民的培育具有正向影响，受教育程度越高的农民越容易培育成为新型职业农民。由于新型职业农民要求有较强的农业生产和经营管理能力或拥有较强的技术水平，因此其受教育程度会直接影响培育成效，新型职业农民培育应选择文化水平较高者，要求有中学以上文化程度，特别关注返乡的大中专毕业生。④身体状况对新型职业农民的培育具有正向的影响。身体不健康的农民不适宜作为新型职业农民培育对象。⑤政治面貌（党员或村干部）对新型职业农民培育有正向影响。由于党员或村干部在农村中有一定的威望和社会资本，他们更易培育成为新型职业农民。⑥从事农业相关工作年限对新型职业农民培育具有负向影响，工作年限越长越难培育为新型职业农民。可能的原因为农民工作年限越长越可能陷入思维定式和所谓的经验陷阱之中，难以学习和接受新的技术和品种。

（2）在家庭特征上，除家庭收入在当地情况与家庭农业人均纯收入 2 项指标没有通过显著性检验，其他 6 项指标均通过显著性检验。

①家庭人口数量对新型职业农民培育具有正向影响，这与"新家庭经济学"观点相吻合，农民行为选择的基本单位或出发点由个人改为家庭或农户，分析依据是家庭或农户收益或福利的最大化①。多个家庭人口往往有多个劳动力，因此从分散经营风险、获取更大的家庭收益来看，要么有人务农，要么有人务工或者在农业收益较高的情况下共营农业。②家庭土地承包面积对新型职业农民培育具有正向影响且在1%水平上显著。我国人均农地资源稀少，家庭承包土地越多，家庭农业劳动力中越有可能努力将其经营好，向新型职业农民转变。③家庭拥有农机情况对新型职业农民培育具有正向影响。完全没有农机的要么是农地少，要么是不愿意在农业生产中投资，这些人更难成为新型职业农民。而农机拥有量多说明农业机械化水平高，更可能发展规模经营，产生马歇尔外部性经济。④家庭年总收入对新型职业农民培育具有正向影响。收入越高的家庭，农业劳动者生活压力越小，并有更多的积累资金投入到农业生产经营，因此越有可能培育出新型职业农民。⑤父亲是否从事农业对新型职业农民培育具有负向影响。父亲务农，受农业效益低的影响，家庭收入水平低，生活窘迫往往导致小孩长大后"跳农门"，转行从事农民之外的职业。⑥与父亲的影响不同，母亲是否从事农业对新型职业农民培育具有正向影响。本书的解释是，农民家庭儿女通常依赖母亲，一旦母亲务农，那么他们会经常跟随母亲从事农业生产活动且更乐意帮助母亲分担体力劳动，因而更易对从事农业产生感情，代际传递性增强。

（3）在职业培训上，3项指标有2项通过了显著性检验，说明培训对新型职业农民培育产生重要影响。①是否愿意参加培训对新型职

---

① 史清华、徐翠萍：《农户家庭成员职业选择及影响因素分析——来自长三角15村的调查》，《管理世界》2007年第7期。

业农民的培育具有正向影响。农民的主观培训意愿将决定农民技能提升的空间，决定着农民是否会长期扎根农村从事农业生产经营。②是否接受过农业职业教育对新型职业农民培育具有正向影响，且在1%水平上显著，其系数在所有18个系数中最大，达到了0.795。这说明农业职业教育对新型职业农民培育具有关键性的作用，一方面要给予培育对象更多类型的农业职业教育，另一方面在挑选培育对象时要重点考虑有农业职业教育背景的人，例如愿意回乡从事农业的农业中专学校和农业高等院校的毕业生，让大中专毕业生真正成为未来现代农业的主力军。如西北农林科技大学从本科高年级学生和研究生中选择热心农业，具有农科知识基础，有农业创业激情的本科生、研究生，进行培训、培育、跟踪服务，成功培养了一批新型高级职业农民，具有一定的示范作用。

（4）在职业农民意愿上，6项指标仅有是否经常自学农业技术或管理方面的知识1项指标通过显著性检验。一方面说明，虽然职业农民意愿可能直接影响农民能否成为新型职业农民，但是其实由于大部分农民本身就出生和成长在农村，农村就是他们的家乡，没有理由不去爱它，务农往往是他们的第一职业选择，既有门槛低的因素，更有城镇就业市场竞争激烈的原因，因此农民喜不喜欢农村和农业工作或许不那么重要。同时，农民受到文化程度的制约，可能在农业生产中也没有形成做工作规划和与他人交流的习惯，不太关注农业转型。另一方面表明，农民内心的真实意愿很重要，如果有着对农业的热爱和对职业发展的理想，那么他们往往会给自己加压力，严格要求自己，经常自学农业技术和管理知识，以提升职业技能、适应现代农业发展的需要，从0.000的P值和在所有18个影响因素中排第二位的0.415的系数就可以反映出来。

（5）在农业生产实践上，7项指标有3项通过了显著性检验。①是否参加过农民合作社对新型职业农民培育具有正向影响。农民参加农民合作社,利用合作社来发展农业或者通过在合作社的学习和社员间的协作获得成功,有利于成为新型职业农民。②是否熟悉当地农业政策对新型职业农民培育具有正向影响。熟悉当地农业政策者一方面说明他们关心关注农业发展,另一方面说明他们可能更好地利用农业政策发展农业生产,获得更大的成功,因而更可能成为新型职业农民。③政府惠农政策是否能提高工作的信心对新型职业农民培育具有正向影响。政府惠农政策一旦提高农民的信心,就会引导农民更好地利用政府的补贴、奖励和扶持政策发展农业,推动农民成长为新型职业农民。

第三节 新型职业农民农业生产效率实证分析[①]

新型职业农民作为我国现代农业发展的引导者及重要承载体,其生产经营效率对于我国农业现代化的实现具有至关重要的影响。因此,如何有效测度新型职业农民农业生产效率以及找出其关键影响因素,亟待进行深入的研究。本小节采用三阶段 DEA 模型[②],对省域职业农民农业生产效率进行实证测度,以揭示其生产经营的内在规律。

一 研究方法、数据来源及变量选取

(一) 研究方法

传统 DEA(Data Envelopment Analysis)模型的一个重大缺陷是其

---

① 本节主要内容作为阶段性研究成果,以《新型职业农民农业生产效率的三个阶段 DEA 分析》为题发表于《华东经济管理》2018 年第 8 期。

② Fried H. O., Lovell C. A. K., Schmidt S. S., et al., Accounting for Environmental Effects and Statistical Noise in Data Envelopment Analysis, *Journal of Productivity Analysis*, 2002, 17 (1), pp. 157 – 174.

在计算决策单元技术效率的过程中不能有效排除环境因素和随机误差的影响,致使所有决策单元处在异质环境之中,从而极大地影响了估计结果的可对比性。为了弥补该缺陷,Fried 等于 2002 年提出了三阶段 DEA 模型,旨在最大限度地消除环境因素和随机误差的影响,主要包括以下三个方面的步骤:

(1) 第一阶段:传统 DEA 模型估计。传统 DEA 模型是目前一种非常经典的评价决策单元技术效率的方法,其基本原理是以相对效率为基础而进行的非参数估计,是 Charnes、Cooper 和 Rhodes 于 1978 年提出的,其中最基础的是 CCR 和 BCC 模型。为了便于后续分析,通常称 CCR 模型下所测得到的决策单元的生产效率为综合技术效率,BCC 模型下所测得到的效率为纯技术效率,规模效率则为综合技术效率对纯技术效率的商值。由于传统 DEA 模型的发展已十分成熟,运用也相当普遍,此处就不再对其基本原理及表达式进行赘述。但需要说明的是,在技术水平和经营者素质一定的情况下,与生产产出相比,职业农民更加便于对生产要素投入进行调节,因此此阶段是以基于投入导向的 BCC 模型进行分析的。该模型的具体表达式如下:

假设有 K 个决策单位 (Decision Making Units,简称 DMU),每个决策单位均使用 N 种投入、生产 M 种产出,则某一特定决策单位的效率值可由如下的线性规划方程求得:

$$\min_{\theta,\lambda} \theta^k$$

$$s.t. \sum_{k=1}^{K} \lambda_k x_{nk} \leq \theta^k x_{nk} \quad (n=1,2,\cdots,N)$$

$$y_{mk} \leq \sum_{k=1}^{K} \lambda_k y_{mk} \quad (m=1,2,\cdots,M)$$

$$\lambda_k \geq 0 \quad (k=1,2,\cdots,K)$$

$$\sum_{k=1}^{K} \lambda_k = 1$$

其中,x_{nk} 表示第 k 个 DMU 的第 n 项投入量;y_{mk} 表示第 k 个 DMU

的第 m 项产出项；λ_k 表示第 n 项投入和第 m 项产出的加权系数；θ^k 表示第 k 个 DMU 的效率值，介于 0 与 1 之间，越接近 1 表示效率越高。

（2）第二阶段：构建 SFA 回归模型。三阶段 DEA 模型的实质是将 DEA 和 SFA 模型进行有效糅合，以最大限度地消除环境因素和随机误差对决策单元技术效率的影响，因而该阶段比较关键。在相关学者研究成果的基础上，本书所构建的 SFA 回归模型如下：

$$s_{nk} = f(z_k; \beta_n) + v_{nk} + u_{nk}$$
$$n = 1, 2, \cdots, N; k = 1, 2, \cdots, K \qquad (5-4)$$

上式中，z_k 表示第 k 个决策单元在第 n 项投入上的松弛量；z_k 为外生环境变量对投入松弛变量的作用方式及影响大小，其中 z_k 和 v_{nk} 分别表示环境变量及其待估参数。为了便于分析，通常设定 $f(z_k; \beta_n) = z_k\beta_n$。$v_{nk} + u_{nk}$ 表示混和误差，其中 v_{nk} 和 $\hat{v}_{nk}$ 分别为随机干扰项及管理无效率项，且假定 $\hat{v}_{nk}$、$\hat{v}_{nk}$ 以及彼此相互独立。同时，设定 $\hat{v}_{nk}$，其值介于 0—1，当其分别趋近于 1、0 时表示管理因素或者随机误差对决策单元投入松弛变量具有重大的影响。

由于此阶段的目标是对各投入松弛变量进行调整，进而使所有决策单元所处的环境是同质的。为了达到此目的，将管理因素和随机误差进行有效分离是首要的步骤，此处借鉴 Jondrow 等[①]、罗登跃[②]的研究成果，实证测算随机干扰项和管理无效率估计值 $\hat{v}_{nk}$、$\hat{u}_{nk}$。

$$\hat{E}[v_{nk} \mid u_{nk} + v_{nk}] = s_{nk} - f(z_k; \beta_n) - \hat{E}[u_{nk} \mid u_{nk} + v_{nk}]$$

$$\hat{E}[u_{nk} \mid u_{nk} + v_{nk}] = u_* + \sigma_* \frac{\varphi(-u_*/\sigma_*)}{1 - \Phi(-u_*/\sigma_*)} =$$

$$\frac{\lambda\sigma}{1 + \lambda^2}\left[\frac{\varphi(\varepsilon_{nk}\lambda/\sigma)}{\Phi(\varepsilon_{nk}\lambda/\sigma)} + \frac{\varepsilon_{nk}\lambda}{\sigma}\right] \qquad (5-5)$$

---

① Jondrow J., Lovell C. A. K., Materov I. S., et al., On the Estimation of Technical Inefficiency in the Stochastic Frontier Production Function Model, *Journal of Econometrics*, 1982, 19 (2-3), 233-238.

② 罗登跃：《三阶段 DEA 模型管理无效率估计注记》，《统计研究》2012 年第 4 期。

其中，$u_* = -\dfrac{\sigma_{un}^2}{\sigma^2}$，$\sigma_* = \dfrac{\sigma_{un}^2 \sigma_{vn}^2}{\sigma^2}\sigma^2 + \sigma_{vn}^2$，$\lambda = \dfrac{\sigma_{un}}{\sigma_{vn}}$，$\varepsilon_{nk} = s_{nk} - f(z_k; \beta_n)$。

$\varphi(\cdot)$、$\Phi(\cdot)$分别为标准正态分布的概率密度及分布函数。

基于 SFA 模型回归分析的结果，依据如下表达式对各决策单元的原始投入进行调整，以使各决策单元面临相同的经营环境和经营运气，具体表达式为：

$$x_{nk}^A = x_{nk} + [\max_k (z_k \hat{\beta}_n) - z_k \hat{\beta}_n] + [\max_k (\hat{v}_{nk}) - \hat{v}_{nk}]$$

$$n = 1, 2, \cdots, N; \quad k = 1, 2, \cdots, K \qquad (5-6)$$

式（5-6）中，x_{nk}为决策单元原始的投入量，x_{nk}^A为经过调整后决策单元新的投入量，z_k、$\hat{\beta}_n$分别表示环境变量及其参数估计值，$\hat{v}_{nk}$则为随机干扰项的估计值。上式中，等号右边第一个中括号表示对所有决策单元经营环境的调整，使其处于同质的经营环境之中；第二个中括号则是对决策单元经营运气的调整，两相调整使决策单元所面临的综合环境达到同质。

（3）第三阶段：调整后 DEA 模型估计。此阶段主要是用经调整后所形成的新投入项x_{nk}^A替代原始投入项x_{nk}，并保持产出项y_{mk}不变，在 BCC 模型框架下重新计算各决策单元的技术效率。经此三阶段后，由于在很大程度上剥离了环境因素和随机误差所产生的影响，因此所测的技术效率能够真实地反映出决策单元的经营效率，进而能够更加有效地进行对比分析。

（二）数据来源与变量选取

1. 数据来源

运用前述 7 省（区）21 县（市）的新型职业农民进行实地调研获得的一手数据。

2. 变量选取

（1）投入产出指标的选取。由于三阶段 DEA 模型仍旧是在投入产出的框架下对决策单元的技术效率进行测算，因此对投入、产出指标的选择尤为重要。为了对新型职业农民农业生产效率进行有效测度，在立足于对职业农民生产经营状况调研的基础上，选择土地经营面积、农业劳动力人数、农业机械总值作为投入指标，新型职业农民个人年纯收入、新型职业农民家庭农业劳动力人均纯收入、经营土地年总收益作为产出指标，选取的理由如下：

对于投入要素而言，为了使作为农业生产主要参与主体以及优质农产品重要供给者的新型职业农民更好地从事农业生产经营，对土地要素的投入是不可或缺的。这是因为与其他要素相比，土地的不可增长性、不可移动性造就了其极度稀缺性以及弱替代性，加之绝大多数农产品是生长在土地上或者在土地上进行活动的，此处选择土地经营面积来表示职业农民家庭对土地要素的投入。在满足农业生产对土地需求的基础上，还需要相应的劳动投入追加到土地中，以保障农作物的生长、发育及成熟，进而推动农业的可持续发展，这里选择农业劳动力人数来表征。除此之外，新型职业农民作为现代农业生产力的典型代表，是"有文化、懂科技、善管理"的高端综合性人才，其与传统农民的重大区别在于现代农业科技使用、生产经营科学化管理以及资金集约化投入等方面，农业机械装备作为技术与资本密集品，在很大程度上体现着职业农民对新型农业科技的使用水平以及资本的投入实力，因而此处用农业机械总值来表示新型职业农民技术与资本投入量。

至于生产产出方面，由于新型职业农民作为农产品市场参与主体，致使其将农业作为产业来经营，利用一切条件对经济利益最大化的追逐是其本质特征，此处用新型职业农民个人年纯收入来表示其生产经营所得是必要的。当前，随着我国工业化和城镇化进程的深入推进，农民外出务工和子女外出就业的现象十分普遍，由于其不直接从事农业生产，将其排除在农业劳动力之外，进而用新型职业农民家庭农业劳动力人均纯收入更能准确地反映职业农民家庭农业生产的效率。上述两项指标都是从均值角度反映职业农民生产经营所得，对于其总量所得有所缺失，因而此处有必要将经营土地年总收益纳入新型职业农民生产产出项之中。在正式分析之前，还需要对所选投入、产出指标的合理性进行分析，以检验其是否满足"同向性"假设的要求，通常采用 Pearson 相关系数方法进行分析，具体结果见表 5 – 16 所示。

表 5 – 16　　　　新型职业农民投入与产出指标的 Pearson 相关系数

指标	土地经营面积	农业劳动力人数	农业机械总值
新型职业农民 个人年纯收入	0.494 *** (0.000)	0.100 ** (0.012)	0.208 *** (0.000)
新型职业农民家庭农业劳动力人均纯收入	0.411 *** (0.000)	−0.053 (0.189)	0.151 *** (0.000)
经营土地 年总收益	0.360 *** (0.000)	0.158 *** (0.000)	0.169 *** (0.000)

注：** 和 *** 分别表示变量在 5% 和 1% 显著性水平通过检验，括号内的值为显著性检验的 P 值。

从上表中可以看出，所选取的新型职业农民个人年纯收入、新型职业农民家庭农业劳动力人均纯收入、经营土地年总收益三项产出指标与土地经营面积、农业劳动力人数、农业机械总值三项投入指标之间的相关性系数总体上为正，且绝大多数在 5% 的显著性水平上通过了双尾检验，满足了"同向性"假设的要求，表明所选取投入和产出指标的合理性得到验证，可以进行后续的实证分析。

（2）外部环境变量的选取。本节所选取的外部环境变量是指不受新型职业农民主观所控制但对其农业生产经营效率有着重大影响的变量。综合考虑新型职业农民生产经营的特点、调研的实际情况以及数据的可得性，并在立足于新型职业农民已有研究成果的基础上，选取了新型职业农民培训、创业支持政策、资金扶持政策、农业信息服务四个变量作为环境指标。首先，新型职业农民作为引领现代农业发展的专门性人才，同时也是现代农业发展及变革的重要载体，其所具有的高端经营素质主要是通过系统的、专门的以及完善的职业技能培训获得，因此新型职业农民培训对其农业生产经营效率的提升作用是明显的，借此假定该变量与新型职业农民农业生产效率之间呈显著的正向关系。其次，在目前全社会大众创业的背景下，中央政府积极引导农科院大中专毕业生、农技推广人员、退伍军人、返乡农民工等优质劳动力汇入新型职业农民队伍，并对其回乡创业给予大力扶持。因此，创业支持政策对职业农民农业生产效率也具有重大的影响。理论上，该变量对农民生产效率具有显著的正向提升作用，但如果农民经营素质提高的程度不及创业支持的力度，将会在一定程度上阻碍生产效率的提高，所以此处不对该变量的预期作用方向进行假定。再次，支持新型职业农民创业，由于其生产经营规模一般较大，对资金的需求相应也就越高，因而在资金上对其进行扶持是必需的，同上，也不假定该变量与生产效率的关系。最后，随着知识经济时代的来临，农业信息服务对农民生产经营的影响作用越来越明显。农业信息服务平台越完善，新型职业农民所获得的农业信息越丰富，其对农业生产经营各个环节的管理将会更加从容且有效，因此假定农业信息服务与农民农业生产效率之间的关系显著为正。需要说明的是，由于本书的主要目的是在微观农民视角上测算新型职业农民农业生产效率以及进行相关分析，考虑数据的可得性，上述指标数据均是通过新型职业农民判断该变量对农业生产影响程度的大小而量化取得的。

二 实证分析结果

（一）第一阶段传统 DEA 模型实证结果

将样本新型职业农民的投入、产出指标值代入投入导向的 BCC

模型中进行计算，得出了第一阶段新型职业农民农业生产的综合技术效率、纯技术效率和规模效率值。考虑到单个新型职业农民的生产效率值比较零散，不足以从区域上有效揭示新型职业农民农业生产效率的内在规律，因而此处分省份进行列示，所得结果如表5-17所示。

表5-17　　　　　　　　第一阶段传统DEA模型评价

省份	TE1		PTE1		SE1	
	平均值	标准差	平均值	标准差	平均值	标准差
广东	0.394	0.219	0.766	0.318	0.514	0.200
广西	0.092	0.036	0.444	0.231	0.208	0.085
黑龙江	0.157	0.163	0.603	0.275	0.261	0.213
湖北	0.335	0.285	0.663	0.316	0.505	0.295
陕西	0.204	0.179	0.517	0.253	0.394	0.247
浙江	0.294	0.241	0.711	0.321	0.414	0.262
四川	0.167	0.150	0.695	0.319	0.241	0.195
平均值	0.235	0.182	0.628	0.290	0.362	0.214

注：TE1、PTE1、SE1分别表示第一阶段新型职业农民农业生产的综合技术效率、纯技术效率和规模效率。

从表中可以看出，在未剥离环境因素和随机误差影响的条件下，2015年7省（区）新型职业农民农业生产综合技术效率、纯技术效率和规模效率的平均值分别为0.235、0.628和0.362。总体而言，上述省份新型职业农民农业生产效率的平均水平偏低，与纯技术效率相比，规模效率具有更大的提升空间。具体来看，广东新型职业农民农业生产效率水平达到最优，其次是湖北和浙江，效率水平一般的是陕西、四川和黑龙江，最差的则是广西，其在一定程度上说明各省份新型职业农民农业生产的技术效率水平之间存在着结构上的不均衡。

（二）第二阶段SFA模型实证结果

如前所述，在三阶段DEA模型的第二阶段是通过运用SFA模型对影响决策单元的环境因素和随机误差进行剥离的,以使各决策单元处于同质环境中便于进行横向比较。该模型中的被解释变量为土地经营面积、农业劳动力人数、农业机械总值等的冗余值,解释变量为所遴选的环境变量,具体结果由 Frontier4.1 软件计算而得。

表 5 – 18　　　　　　　第二阶段 SFA 模型回归分析

变量	土地经营面积松弛	农业劳动力人数松弛	农业机械总值松弛
新型职业农民培训	3.4252*** (8.3529)	-0.1989** (-2.3312)	0.6751** (2.3498)
创业支持政策	5.7839*** (11.9808)	-0.0119 (-0.1194)	0.6735** (2.1456)
资金扶持政策	8.2260* (1.7364)	-0.0894 (-0.9065)	0.7492** (2.3108)
农业信息服务	-3.0131*** (6.0804)	-0.0585 (-0.5702)	0.0187 (0.3156)
常数项	-10.3518*** (9.9767)	1.4355*** (3.2911)	-3.1084* (-1.7964)
σ^2	23.7907*** (18.5767)	10.3027*** (17.9259)	35.8902*** (18.5147)
γ	0.5615*** (3.5362)	0.0012*** (3.5510)	0.0013*** (6.5505)
对数似然函数	-33.1587	-89.6156	-20.0573

注：*、**和***分别表示变量在10%、5%和1%显著性水平上通过检验,括号内的值为相应估计的 T 统计量。

表 5 – 18 中的结果显示,解释变量对被解释变量的回归系数多数是显著的,而且 γ 值均在 1% 的水平上显著,表明新型职业农民的投入冗余受到外部环境变量的影响比较明显。具体来看,农业劳动力人数和农业机械总值的松弛变量 γ 值分别为 0.0012 和 0.0013,明显偏向于一方,表明其松弛量主要受随机误差因素的影响;土地经营面积的

γ 值为 0.5615，处于中间水平，表明其松弛量同时受管理因素和随机误差的影响，因此对环境因素和随机误差进行剥离是十分必要的。在进行分析之前，需要说明的是，当环境变量对投入松弛变量的回归系数为负时，表明伴随着环境变量值的增大，相应的投入松弛量会逐步减少，即意味着职业农民生产经营效率会稳步提高，反之则会阻碍其经营效率的提升，以下具体分析各环境变量与投入松弛变量之间的关系。

（1）新型职业农民培训。该变量对土地经营面积和农业机械总值松弛变量均具有显著的正向影响，而对农业劳动力人数松弛变量则呈现出显著的负向关系。调研数据显示，有 67.68% 的农民认为新型职业农民培训对其农业生产经营效率的提升具有较大的影响，表明绝大多数农民是愿意接受新型职业农民培训以达到提质增效、促产增收的目的。实证结果表明，该变量同时增加了土地经营面积和农业机械总值冗余值，与理论预期不符，可能的原因在于农民自身生产经营的综合素质不高，导致其对新理念、新技术、新管理方法等的吸纳、接受、掌握及运用的能力有限，因而对其所进行的职业技能培训还不能直接有效地转化为现实生产力。因此，当其面对土地经营面积、农业机械总值要素的大幅调整时，尚不能够合理优化配置，进而使得上述两种要素的冗余值增加。而之所以该变量显著减少了农业劳动力人数冗余值，可能是由于随着我国新型工业化、城镇化进程的推进，吸引了农村中大量优质的青壮年劳动力向城镇转移，使得我国农业生产整体上面临着劳动力不足的局面。在此背景下系统的、专业的职业技能培训能够使单个农民家庭对农业劳动力人数的运用更加充分，从而有效减少了该变量的冗余值。

（2）创业支持政策。该变量对土地经营面积和农业机械总值松弛变量亦呈现出显著的正向相关关系，对农业劳动力人数松弛变量仅具有方向上的指向作用。在目前全社会"大众创业、万众创新"的背景下，新型职业农民作为未来我国现代农业的基础支撑主体以及推动我国农业现代化进程的重要抓手，已经引起了各级政府部门的高度重视，对其生产经营的投入力度逐步加大，因而日益吸引越来越多的农村优秀青年、大中专毕业生、农业技术推广人员、返乡农民工等优质劳动力回乡从事农业创业。但由于现有农民的惜地意识越来越强、保障力度有限的农村社会保障制度、不顺畅的土地流转机制以及政府的优惠政策落实周期较长等因素的影响，极大地阻碍了上述优质人力资源顺畅地进入职业农民队伍，致使新型职业农民整体素质未能获得质的提升。因此，当其所经营的土地面积需要大幅调整进而使得农业机械总值要素也需要进行相应变动时，其往往不能够迅速、合理、有效地加以配置，从而增加了上述两种要素的冗余值。虽然该变量对农业劳动力人数松弛变量没有显著的影响，但其负向指向表明新型职业农民对劳动力资源的配置仍然是较为合理的，可能的原因是即使受相关政府部门创业支持政策的驱使，在很大程度上仍未能改变新型职业农民家庭子女对城市生活的向往，单个新型职业农民家庭劳动力配置与其所经营的土地面积大体上是一致的，因而也是相对有效的。

（3）资金扶持政策。该变量对农业劳动力人数松弛变量没有显著的影响，对土地经营面积和农业机械总值松弛变量的回归系数在统计检验上显著为正。如前所述，由于新型职业农民在我国农业现代化建设中有着特殊的支撑作用，因而对其生产经营进行扶持已是大势所趋，尤其是在资金扶持方面更是如此。与创业支持政策类似，虽然该变量没有显著减少农业劳动力人数松弛量，但却具有负向的指向作用，原因可能是新型职业农民出于理性预期决策的考量，对农业生产的年均劳动投入量大体上是稳定的，因而即使受资金扶持政策的激励其投入量也不会发生较大的变动。之所以该变量亦同时增加了土地经营面积和农业机械总值松弛量，原因在于农业资金是新型职业农民生产经营的血液，以至于67.84%的新型职业农民认为资金扶持政策对其生产经营具有很大的促进作用。随着政府部门资金扶持力度的加大，新型职业农民从事农业生产则更加具有底气，因而也就越倾向于扩大土地经营面积。随着土地经营面积的增加，相应的农业机械总值要素的投入也就越多。但由于一段时期内职业农民的专业技能、技术运用、经营管理等方面素质不能与其所经营的规模相匹配地提升，致使土地经营面积和农业机械总值的冗余值得以增加。

（4）农业信息服务。该变量对土地经营面积松弛变量具有显著的负向相关关系，而对农业劳动力人数和农业机械总值松弛变量则影响不显著，仅在方向上进行了指向。农业信息服务在我国农业现代化建设中也发挥着十分重要的作用，推动信息化建设与现代农业的深度融合可以更有效地促进农业生产力的跨越式发展。正因为此，新型职业农民应能在其农业生产经营过程中善于利用农业科技、农产品供求、农资价格、土地流转、质量安全、市场监管等方面的信息服务来灵活调节所经营的土地面积，从而有效减少了土地经营面积的冗余值。虽然该变量对农业劳动力人数和农业机械总值松弛量均没有显著的影响，但其指示方向却截然相反，前者为负向，后者为正向，原因解释如下：一方面，对农业综合信息服务越了解，所得到的农业信息服务越多，新型职业农民对家庭劳动力资源的使用将会更加合理，使其能够在农业和非农业领域得到合理优化的配置，尽管配置的效果不太明显，但仍在较大程度上减少了劳动力的冗余值；另一方面，由于农业机械购置费较高，对于多数职业农民家庭而言，往往不能够一次性购入，而需要分批次购买，加之其是农民家庭固定资产的重要代表，致使农民在短期内很难根据实际生产的需要而进行灵活的调整，因而在此情境下，即使农民能够得到较多的农业信息服务，也较难避免农业机械总值冗余值的产生。

(三) 调整后 DEA 模型模型实证

表 5-19　　　　　　　　　第三阶段 DEA 模型评价

省份	TE3		PTE3		SE3	
	平均值	标准差	平均值	标准差	平均值	标准差
广东	0.287	0.105	0.721	0.372	0.398	0.324
广西	0.112	0.029	0.203	0.296	0.554	0.263
黑龙江	0.223	0.160	0.377	0.363	0.591	0.361
湖北	0.328	0.236	0.581	0.376	0.564	0.345
陕西	0.227	0.163	0.343	0.312	0.662	0.341
浙江	0.266	0.079	0.623	0.377	0.427	0.377
四川	0.153	0.075	0.538	0.426	0.284	0.296
平均值	0.228	0.121	0.484	0.360	0.497	0.330

注：TE3、PTE3、SE3 分别表示第三阶段新型职业农民农业生产的综合技术效率、纯技术效率和规模效率。

在第二阶段利用 SFA 回归模型对影响新型职业农民农业生产效率的环境因素和随机误差进行剥离的基础上，通过式（5-6）对新型职业农民的原始生产投入进行调整，并保持先前产出值不变，再次将调整好的投入、产出数据代入 BCC 模型中进行计算，最终得到第三阶段新型职业农民农业生产的技术效率值，结果如表 5-19 所示。在进行正式分析之前，往往需要对三阶段 DEA 模型剥离环境因素和随机误差的有效性进行验证，通常采用 Wilcoxon 检验进行分析。由 Wilcoxon 检验可知，新型职业农民农业生产经营调整前后的技术效率值均存在着显著的差异性，进一步验证了第二阶段对环境因素和随机误差剥离的有效性，最终使得所有新型职业农民均处在同质环境中，因而更加便于后续的横向比较分析。

对比表 5-17、表 5-19 的结果可知，总体而言，与第一阶段相比，第三阶段的新型职业农民农业生产经营综合技术效率和纯技术效率有所下降,而规模效率则有一定幅度的提升。具体而言,新型职业农民生产经营纯技术效率的平均水平从 0.628 下降至 0.484,其规模效率的平均值则从 0.362 上升至 0.497,由于纯技术效率下降的幅度大于规模效率上升的幅度,最终使得综合技术效率的平均值从 0.235 下降为 0.228,这说明在经营环境和经营机遇的共同影响下,新型职业农民的综合技术效率、纯技术效率值表现出虚高,而其规模效率值则存在抑制现象。该结果亦表明,在剔除环境变量和随机误差影响因素之后,新型职业农民农业生产经营效率变得更不理想,拉低其综合技术效率水平的主要来源,从第一阶段的规模效率较低转换到第三阶段的纯技术效率不振。之所以新型职业农民的纯技术效率呈现出下降趋势,主要原因是目前对新型职业农民所进行的专业技能培训和职业综合培训未能进行有机整合,往往注重于对新型职业农民专业技能、技术运用层面的培训,而疏于对其产前农业生产计划、产中财务成本控制、产后农产品市场营销等方面系统整体的培训,加之相应的配套服务及设施还不够完善,从而在较大程度上降低了新型职业农民生产经营的综合素质,使其很难从宏观上把握农业生产经营的主要环节,当因市场供求变动而需要大幅度调整农业生产经营规模时,其难以迅速、有效地对生产要素进行合理优化配置,最终降低了资源配置的效率。至于其规模效率略有上升,原因则在于第一阶段 DEA 模型的评价结果表明多数样本农民农业生产经营规模报酬处于递增状态,而且其规模效率处于较低水平,未来提升的空间较大。之后对样本农民原始投入进行调整,其实质是着重增加那些环境较差、经营效益不佳的新型职业农民稀缺要素的投入量,因而在较大程度上扩大了农民农业生产经营的规模,使其获得了更大的规模报酬,最终从整体上提高了农民农业生产经营的规模效率。

从区域角度来看,各省份职业农民农业生产经营效率的变动情况不尽相同。具体而言，经过调整之后，广东、湖北、浙江、四川四省样本农民生产经营的综合技术效率有所下降，表明上述四省份农民所处的经营环境较优，所面临的经营机遇较好，进而使其生产效率呈现出虚高状态；与之相对应的是广西、黑龙江、陕西三省份，其样本农民生产经营的综合技术效率略有上涨，说明上述三省份样本农民的确面临着不利的经营环境和较差的经营机遇，致使其生产经营效率受到抑制。七省份中，综合技术效率变动最大的是广东，其次是黑龙江，所不同的是，前者综合技术效率呈现下降态势，后者则略有上涨。三阶段DEA模型的最终结果表明，样本新型职业农民的纯技术效率和规模效率均不高，从而拉低了其综合技术效率，未来调节的着力点应在技术效率提升和经营规模优化两方面共同发力。

第四节　本章小结

新型职业农民的经济学分析和机理分析已经表明，中国需要通过制度变迁、重视农民的恋农情怀、政策激励引导新型职业农民成长，最终形成职业化农业生产经营者队伍。然而，到底该如何推进新型职业农民培育，我们需要做更进一步的微观实证研究。本章通过"就业能力因子判别—培育影响因素探寻—农业生产效率分析"，为新型职业农民培育的内容、对象选择、效果提升提供了明确的证据支持。

首先，对新型职业农民就业能力的实证分析。主要结论有：（1）从内生性培育的个人而言，可以依据式（5-4）、式（5-5）进行就业能力的自我测评。（2）从外生性培育的主体而言，应以就业能力提升为培育的风向标，以就业能力指标体系为依据，在培育中坚持就业能力导向，重点增强新型职业农民的经营能力、工作意愿、工作匹配度、决策力、政治背景、社交能力、职业忠诚度、工作满意度及求知欲。

其次,通过对新型职业农民培育的影响因素实证分析明确了新型职业农民培育的主要影响因素,有利于精准发力培育新型职业农民。实证研究,发现共有性别、年龄等18个因素对新型职业农民培育具有显著性影响。主要结论有:(1) 是否经常自学农业技术或管理方面的知识表明农民有无成为新型职业农民的意愿,成为影响新型职业农民培育的重要因素之一。(2) 新型职业农民培育受培育者年龄、受教育程度等个人特征及是否接受过农业职业教育的影响很大。(3) 新型职业农民培训和政策扶持对于促进新型职业农民培育具有重要的意义。上述结论为新型职业农民培育提供了科学的微观支持,隐含着重要的政策启示。

最后,对新型职业农民的农业生产效率进行三阶段DEA模型分析,以利于提高新型职业农民的培育实效。实证发现:(1) 农业信息服务与新型职业农民农业生产效率呈现显著的正向相关关系。(2) 调整后DEA模型结果表明,与第一阶段相比,第三阶段新型职业农民农业生产经营的综合技术效率和纯技术效率有所下降,而其规模效率则有一定幅度的提升,拉低新型职业农民综合技术效率的主要来源。(3) 新型职业农民农业生产纯技术效率值、规模效率值均不高,从而导致其综合技术效率处于较低水平。因此,一方面需要从全局确定新型职业农民培训的内容,新型职业农民培训不应局限于生产专业技能、技术运用及推广等层面,还应包括农业生产规划、成本控制、农产品营销、创新能力、与其他经营主体衔接等方面;另一方面,应根据职业农民生产经营的成熟度灵活调节培训的内容。在新型职业农民刚踏入农业生产领域,经营能力尚低时,职业培训应侧重于专业生产技能、农业科技知识介绍及应用等实用性方面,着重解决其眼前的、短期的农业生产问题,通过增产增收以提高其生产经营的积极性;当新型职业农民生产比较稳定、经营能力适中时，培训的内容应逐步增加农业生产计划、农业经营管理、市场营销等软实力知识的比重，以拓宽新型职业农民的视野及经营的境界，最终从整体上提高其生产经营的综合能力。

第六章 职业农民培育的国际经验与启示

近年来,"谁来种地,怎样种地"的问题在我国被广泛热议,培育新型职业农民被认为是破解该困境最有效的办法之一。从发达国家农业发展的轨迹来看,拥有大量高素质的职业农民是其农业现代化水平普遍较高的重要原因。分属东亚的日本和韩国、北美洲的美国和加拿大、西欧的英国和法国六个国家,由于各洲的地理特点和农业生产差异以及农民职业化发展积淀较深,已分别形成政府主导的多层级培育模式(简称日韩模式)、农科教一体的全方面培育模式(简称美加模式)以及校企参与的全面渗透型培育模式(简称英法模式)等较成熟的职业农民培育模式。本章将基于此三种模式,总结上述三种模式六个国家的职业农民培育经验,以期为我国新型职业农民培育提供指导和借鉴。

第一节 日韩模式的经验

日本和韩国作为亚洲为数不多的发达国家,农业非常发达。日本是一个岛国,人多地少,农业生产属于典型的小农生产经营模式,农户的兼业率很高[①]。然而近些年来,日本的农业占 GDP 的比重逐年下

---

① 李逸波等:《中日比较视角下的日本职业农民培育体系研究借鉴》,《世界农业》2016 年第 5 期。

降，农业人口数量也不断减少，农业劳动力老龄化现象和用工荒问题越来越突出，部分耕地闲置，同时农产品的自给率开始逐渐降低[①]。因此，日本很早就开始着手培育职业农民，并取得了不错的效果。当前，韩国的农业从业人口也同样出现了持续减少的状况，青年人大多不愿从事农业生产，迫切需要培育更多的农业接班人。日本和韩国农业现代化的水平非常高，在生产经营方式上更多的是依靠先进的农业科技和劳动力投入来发展精细农业，但目前都受到了土地因素和人口老龄化的影响和制约。日韩两国农民培育的模式总体相似，更多的是依靠政府建立起多层级的培育体系，重点培育农民精耕细作的能力。该模式是在政府的主导下，以不同类型培训主体为引导，多目标、多方向和多层次的农民教育培训模式，在培育过程中主张与现代农业产业对接。

一 建立完善的法律政策体系

日本的农业法律体系十分完善，其中有多项法律涉及职业农民培育的问题。第二次世界大战后，日本培育农业经营主体经历了自耕农、核心农户、法人化、村落营农及认定农业者等多种演变[②]，培育职业农民的法律政策也随之不断调整。为了培育职业农民，1952年日本颁布了《农地法》，对农地的流转问题进行了规范，推动自耕农的发展。1961年出台了《农业基本法》，旨在增加农户收入，缩小城乡差距，鼓励核心农户创业。1962年又对《农地法》进行了修改，设立了农业生产法人和农地信托制度，目的在于培育更多法人化的经营主体。

[①] 杨慧芬：《培育新型职业农民：日韩经验及对我国的思考》，《高等农业教育》2012年第4期。

[②] 刘德娟、周琼、曾玉荣：《日本农业经营主体培育的政策调整及其启示》，《农业经济问题》2015年第9期。

1969年颁布了《农业振兴地域整备法》,对土地租用制度进行了完善,积极培育村落营农。在农业政策上,1980年日本在《80年代农政的基本方向》中提出以有男性骨干农业劳动力的核心农户为培育目标,1992年在《新粮食、农业、农村政策的基本方向》中提出培育有效率的、安定的农业经营主体。另外,为了培育更加年轻化的农业经营主体,日本于1970年颁布了《农民年金制度基金法案》。1998年通过的《农政改革大纲》提出了确保农业的法人化和村落营农等多种农业经营主体的方针。1999年出台的《食料、农业、农村基本法》明确提出将村落营农和部分大规模的农户共同定位为日本农业生产的基本主体。2010年《食料、农业、农村基本计划》提出培育有较强竞争力的农业经营主体,推动农业的效率化经营[①]。

同样,韩国也很重视对农业的立法,在培育职业农民方面,陆续出台了多项法律法规。韩国政府在农业发展的不同阶段,不断调整法律政策,着力培育最需要类型的职业农民。1949年,韩国颁布了《教育法》,其中部分条令就涉及农业职业教育,旨在进一步提高本国农民的职业化水平。1962年韩国制定了《农村振兴法》,规定由农业振兴厅负责全国的职业农民培育工作。1980年,韩国出台的《农渔民后继者育成基金法》开始培养农业接班人计划。1990年制定的《农渔民发展特别措施法》,又为培养农业接班人提供充分的资金支持和法律保证[②]。而1998年修改的《农业、农村基本法》则是韩国农业的经济大法,该法对培育农民的相关内容都做出了明确的规定,为培育职业农民创造了良好的外部环境和条件[③]。

---

① 刘德娟、周琼、曾玉荣:《日本农业经营主体培育的政策调整及其启示》,《农业经济问题》2015年第9期。
② 任鹏、李建明、苟颖萍:《发达国家农民培育经验及其对我国的启示》,《创新》2013年第1期。
③ 赖作莲:《韩国农民教育特征及启示》,《安徽农学通报》2012年第18期。

二 "农户+农协"的创新培训模式

在日本,农协组织是按照农民自主自愿的原则设立的,已经形成了一套完整的从上到下的组织体系,其对于政府农业、农村政策的传达和执行具有不可忽视的作用①。农协系统在日本培育职业农民的工作中扮演着非常重要的角色,作为连接政府部门和广大农民的中间组织,农协系统在收集农民的培训需求、发布培训信息、组织农民参加培训等方面发挥着重要的作用,为培育职业农民提供了大量的人力和物力支持。而且农协系统本身也是部分农业专业培训的提供者,能够根据各地农业发展的实际需要,因地制宜地对农民进行及时有效的培训,提高农民的综合素质。总之,日本农协通过培训培育了大量的职业农民。

在韩国,农协组织是农民教育培训的主要提供者,是培育职业农民的中坚力量,除政府和部分私立培训学校外,大部分的农民专业培训都是由农协组织来开展的。韩国的农协网络密布全国,功能齐全,农协的中央组织和会员组织受政府农林部门监督。农协的主要作用体现在经济和社会两个方面,农协会定期组织开展不同层次、不同群体的农业培训,从普通的实用技术到高等职业教育,从培训一般农民、农协职员到农业企业家,培育各种类型和职业水平的职业农民②。

三 多元化的培育主体和制度

农民的兼业化程度很高是日本农业的一大特点,农民的职业特征

---

① 李巧莎、吴宇:《日本增加农民收入的途径与启示》,《日本问题研究》2010年第24期。
② 赖作莲:《韩国农民教育特征及启示》,《安徽农学通报》2012年第18期。

比较复杂，因此日本在培育职业农民的过程中，非常注重农业生产技能与其他行业技能之间的融会贯通，培训的内容和方式也都具有很强的综合性。相应的，日本职业农民培育的主体也是多元化的，政府部门和社会力量都参与其中，形成了由政府统筹规划，以教育系统为主体，民间团体和社会组织予以配合的立体型农民职业培育体系。目前，日本是通过正规教育和社会教育两者并举的方式培养农业科技人才。地方农业部门与农业院校进行密切合作，依托各级农协组织，以各种简明的形式开展农业科技知识的推广教育。同时，日本的部分农业科技机构举行针对部分农民的技术培训，学生在高中毕业后，就可以在农民学校接受专门培训，由政府、科研机构等各种力量组成了全方位的培育系统。

在韩国，全国教育研究所和培训中心从1990年就开始开展各种类型的农民教育活动，提高职业农民的专业素质。韩国培育职业农民的方向和目标很明确，并形成了相应的完善制度。一是培养具有现代经营理念的创业型农民；二是实行实习制度，要求年轻的新农民必须到优秀农户家进行实习，学习经验；三是实施创业农民接班人制度，在各种教育培训中不断发现和培养人才，培育更多的农业接班人[①]。

四 增强农民培育与产业发展的结合度

日韩两国对农业接班人的培养都有很明确的目标，希望新一代高素质农民能够扎根农村、适应现代农业的发展要求。日本的职业农民教育非常重视实践环节，对每个学员实习的要求和目标都做出了明确规定，鼓励学员将所学知识灵活应用于生产实践当中，做到理论联系

---

① 李红、王静：《日本农民职业教育：现状、特点及启示》，《中国农业教育》2012年第2期。

实际,学以致用。另外,实习的方式也是多种多样的,青年农民会被派往优秀农户或农业企业那里学习和实践,在实习结束之后就能快速掌握必要的农业生产技能①。在培训和实习的过程中,注重教学内容和教学手段的创新,根据社会经济发展的需要,不断进行调整,培育适应现代农业发展要求的职业农民。

同样,为了适应农村产业调整和农民就业多样化的需要,韩国在培育职业农民时也非常注重培训内容与现实需要的衔接。在培训过程中,开设了多样化的专业课程,涉及农村生产及生活的方方面面,既有实用科技、生产技能的培训,也有社会政策、专业知识的更新,培训内容具有很强的针对性和实用性,做到了教学与生产实践的紧密结合②。

第二节　美加模式的经验

美国和加拿大农业是典型的工业化农业,以大规模机械化生产著称。美国国土面积广阔,人均耕地面积排在世界前列,除西部山区外的大部分地区为平原,非常适合发展种植业和畜牧业,机械化生产条件十分优越。加拿大也是典型的地广人稀型国家,西部的草原三省是最主要的农业产区。加拿大农业发达,农业的机械化和商品化水平都很高。然而现在,加拿大农民,尤其是青年农民的数量正在逐步减少,直接导致农场数量减少,对农业发展产生了很大的影响③。美国和加拿大都是世界上的农业强国,其高效的现代农业生产经营模式依托于大量高素质的职业农民,它们在培育农民的过程中,非常注重农民职

---

① 赖作莲:《韩国农民教育特征及启示》,《安徽农学通报》2012年第18期。
② 홍은파, Impacts of Agricultural Extension Service for Women Farmers on Agricultural Productivity, *Journal of Agricultural Education and Human Resource Development*, 2010 (42), pp. 49–79.
③ Sébastien, Pouliot, The Beginning Farmers' Problem in Canada, *Working Paper*, 2011 (9), pp. 1–15.

业性的培养，侧重于各种生产技能和科技知识的培训，着力将农民培育为现代机械化农业体制下的产业工人。该模式主要是集农业教育、科研和推广为一体的培训发展模式，特别注重满足农民规模化经营和机械化耕作等职业能力的提升。

一 健全的农业法律体系

美国非常重视农业的立法，制定了一系列法律、法规来保障职业农民的培育。早在1862年，颁布的《莫里尔赠地学院法案》就规定，各州要利用出售土地获得的收入来开办农工学院，培养农业人才。1890年，美国根据农业发展的实际状况，又出台了第二个《莫里尔法案》，规定政府必须给农工学院进行拨款，这两个法案为美国农民教育的法制化奠定了基础。1914年，美国颁布了《史密斯—利费农业推广法》，旨在建立完备的成人教育培训体系，培育各种技术型职业农民。1917年，美国又通过了《史密斯—休斯法案》，规定公立学校要将农村社会青年纳入培育对象之中，进一步扩大了培训对象的范围。1963年美国又颁布了《职业教育法》，鼓励农村学校有针对性地培养农村企业的各类技术人员[1]。目前，对农民进行成人教育是美国维持新一代农民的成长和发展的新形式和支持模式，通过农民教育的国家规划，全面支持农民培训项目的发展，培育更多的职业农民[2]。

同样，加拿大政府也对农业立法十分重视，规定所有农民只有在取得职业证书之后才能从事农业生产，农民真正成了一种职业，优秀

---

[1] 万蕾、刘小舟：《培育新型职业农民：美国经验及对中国的思考》，《农学学报》2014年第6期。

[2] Niewolny, Lillard, Expanding the Boundaries of Beginning Farmer Training and Program Development: A Review of Contemporary Initiatives to Cultivate a New Generation of American Farmers, *Agriculture, Food Systems, and Community Development*, 2010 (1), pp. 65 – 68.

的农民会得到全社会的广泛尊重和认可①。近些年来，加拿大政府陆续出台了多项农业支持政策，在全国范围内开展了绿色证书培训项目，形成了一套有效的培育模式，从而充分保证了本国职业农民数量和质量的稳定。总体来说，美国和加拿大的农民培训基本实现了法制化，为职业农民培育的规范化营造了非常好的外部环境。

二 完善的农业科教培训体系

美国农民的教育培训主要有四种形式：第一种是由农学院针对高中生开设的四年培训课程；第二种是农学院进行农业科学知识和技术推广的短期教学课程；第三种是农业技术学院针对有经验的农民设置的专业培训课程；第四种是在高中设立的各种形式的农业课程②。美国已经建起政府主导、农业院校统筹、社会性培训组织机构补充的系统的职业农民培育体系。政府作为培育职业农民的主导者，为培育工作提供必要的财政支持；农业院校作为培训的主阵地，负责全州的农业教育工作。政府通过分析农民培训需求和培训内容之间的偏差，使用多样化的方式来整合培训力量③；社会培训机构作为重要的补充，主要选择成年农民作为重点的培育对象。随着农民意识到管理培训对农场经营重要性，培训的参与率与当地培训体系是否合适直接相关④。政府、农业院校、社会培训机构三者之间相互配合、相互作用，

---

① 周海鸥、赵邦宏：《加拿大农民培训模式分析与经验借鉴》，《河北经贸大学学报》2012年第3期。
② 傅佳青、刘剑虹：《从职业的角度谈教育在美国农民职业生涯中的作用》，《河北农业大学学报》2015年第5期。
③ Ethiopia, Wuletaw, Mekuria, Effectiveness of Modular Training at Farmers' Training Center: Evidence from, *American Journal of Rural Development*, 2014 (2), pp. 46 – 52.
④ Niewolny, Lillard, Expanding the Boundaries of Beginning Farmer Training and Program Development: A Review of Contemporary Initiatives to Cultivate a new Generation of American Farmers, *Agriculture, Food Systems, and Community Development*, 2010 (1), pp. 65 – 68.

使得农业生产经营者能够从多种渠道更加全面地学习相关专业知识，增强其职业农民培育的效果。

加拿大目前已经形成了全方位的农业职业教育培训体系，培训的内容、方式十分丰富。既有培养各类高级专业人才的高水平培训，也有适合不同层次的学位文凭的普通培训。培训时间相对灵活，既有全日制的长期培训，也有短期的夜校培训。参加培训的学员来源广泛，包括在校生和各种农业在职人员。授课的方式是传统课堂和现代远程课堂相结合，也有与农业企业、行业协会共同举办的各类专业技术培训。尽管教育培训体系看似比较复杂，但是培训的入门资格、课程目标、学时分配、评价标准和收费标准等都规范统一，充分保证了培训的效果和质量。

三 公、私结合的培训模式

在美国，农民培训的主体分为公立学校和非公立学校两大类，二者构成了美国培育职业农民的两大主阵地。公立学校的培训主要有四种模式：辅助职业经验培训、FFA（Future Farmer America）培训模式、辅助农业经验培训模式、课堂指导培训模式。多种性质的培训模式互相补充，产生较好的培训效果，培养了大量精英农民。非公立学校的培训，是将一些成年农民作为培育的对象，包括公立的中小学、高校、企业、工会和民间组织等都会提供相应的农业职业教育，但是培训的核心内容还是当地教师在夜校中讲授的有关农业课程。教师在夜校对农民培训的方式有两种：一种是每次或一周讨论一个课程里包含的与农业相关的不同专题；另一种是对一个专题做全面、细致、深入的讲解，提高了基层农民的专业知识和技能。

加拿大职业农民的培训项目目前主要由农业部门负责，进行多方面的协调，密切联合其他相关部门，动员农民广泛参与。农业管理部门主要负责依据国家农业发展的方向和要求制定各种岗位的规划，为参加培训的农民提供参考书和培训期内的工伤保险,为职业农民培育明确目标和方向;教育部门则负责培训课程的设置和组织管理工作,青年农民可以通过参加免费的培训,提高自身的职业技能、创业或再就业能力,未来能够成为农业接班人;有关农场则根据政府部门的规划,积极组织农场内农民参加培训,做好支持和衔接工作。

四 多重渠道支持职业农民培育

美国政府长期以来支持农业发展,不断完善各类农业补贴,帮助美国农民抵御农业风险,让农场主得到更多的经济实惠。2013年,美国保留了美国农村能源计划(REAP)和生物质作物援助计划(BCAP),并拓展美国农业安全网,加大了对新农民和农场主的支持力度。农村能源计划简化了申请程序,有利于改善农村生产、生活条件。2013年美国实施新的农业法案,农业部加大了对于农村地区的资金支持力度,资助与贷款二者有机结合,使得许多重大项目得以顺利实施。重视农村污染的治理,尤其是污水的处理,进一步改善农村地区的用水,改善了农村生活环境。另外,通过加强农村基础设施建设和提高农村教育与医疗领域的远程通信能力,改善了农村地区的生产环境,增强了农村对新农民的吸引力[①]。

加拿大政府也通过各种方式和渠道支持本国的职业农民培育。在加拿大,优秀的职业农民可优先获得银行贷款、购买土地等。农业管理部门主要负责制定岗位规划,以便适应行业发展的需求,同时还为参加培训的农民提供必要的工伤保险;教育部门则主要负责高中生绿色证书课程的组织和学籍管理工作,为农业发展培养后备人才;政府

---

① 万蕾、刘小舟:《培育新型职业农民:美国经验及对中国的思考》,《农学学报》2014年第6期。

还会在财政预算中预留专项经费,形成政府主导、多部门协调、多渠道并行的培育支持体系。另外,政府提供的误工补贴和经费支持,大大地激发了农民参加培训的热情。这样,加拿大形成了多方合力共同支持职业农民培育工作的美好景象。

第三节　英法模式的经验

英国和法国都是欧洲传统的农业大国,英国山地丘陵多,平原相对较少,但是大部分地区的气候都适合发展农牧业,农业中畜牧业占比很大。英国农业的特点分明,在种植、养殖及园艺等方面拥有大量专业人才,农业的机械化水平也很高。法国全境地势低平,平原面积广阔,是欧盟最主要的农业生产国。随着农业机械化水平的提高,法国农场数量逐年减少,中小农场占了很大比重。在法国,农业生产以家庭劳动力为主,但是农民只有接受教育并取得职业证书之后才能从事农业生产。农民培训的形式多种多样,尤其注重培训的实效性。英法在培育职业农民方面起步较早,在结合本国农业发展实际的基础上,形成了鲜明的特点和优势。该模式主张学校和企业深度参与农民职业培训,从而将职业培训与正规教育相结合,渗透式培养职业农民,在培育过程中特别注重实践能力的培养。

一　完善的法律政策体系

英国政府很早就开始制定和修改相关法律、法规,保障农民参加职业教育的权利,以达到培养大量职业农民的目的。1601年英国颁布了《济贫法》,规定贫民子弟也要接受培训,扩大了培育对象的范围。1981—1995年,短短十几年的时间里,英国政府就先后发布了5个关于农民职业教育的政策法规,进一步为培育职业农民提供法律保障。

1982年，英国政府颁布了《农业培训局法》，旨在为培育职业农民提供必要的资金支持，对于参加培训的农民，政府必须给予一部分补助。随着职业农民数量的增加，英国成立了国家级职业资格认定委员会，开始建立以职业技能为基础、以现场考核为依据的农民职业资格证书认定制度，逐步形成了完善的农业职业技能资格认定体系[①]。英国农业行业技能委员会对涉农领域三大类、16个行业，分别制定出国家职业标准，包括各种学习和评估标准，确保可以大量培训出合格的职业农民。同样，法国也制定一系列法令和政策来促进本国的职业农民培育。20世纪中期以来，法国多次颁布农业相关的法令，规定了农民培训方针政策和组织领导措施，为法国职业农民培育提供了充分的法律保障[②]。

二 网上、网下相补充的培训体系

在英国，职业农民的培训充分利用了现代网络，在长期的培训过程中现已建立以网上农业培训为核心和网下高校正规教育、科研咨询机构的业余培训为补充的农民职业培训体系。培训包含高级、中级、初级三个层次，是英国培育职业农民的中心环节。另外，高等农业院校、农业科研和推广机构也为农民提供相应的培训、研究和成果转化服务。同样，法国也拥有完善的农民培训网络体系，为农业生产提供免费服务的网络，连接农户的电脑，提供技术、市场的信息化服务。在网下，法国的农业教育已经建立起了高等农业教育、中等农业职业技术教育、农民职业培训三个层次的教育培训体系。其中，高等农业教育由农业类高等专科学校完成；中等农业职业技术教育一是培养基

---

① 蒋平、吴建坤：《英国职业农民培育的经验与启示》，《江苏农村经济》2014年第5期。
② 张雅光：《法国农民培训与证书制度》，《中国职业技术教育》2008年第3期。

层农业技术人员，二是培训普通农业生产经营者；农民职业培训的形式灵活多样，主要培养各类基层农业工人。

三 层次分明的职业农民培训模式

在英国，农民培训是培育职业农民的主要方式，主要分为两大类，一类是由大学的农业院系、地区农学院、县农学院共同组织的正规职业培训；另一类是由各种农业培训中心提供的非正规的农业技术培训。英国正规的职业农民培训层次分明，由三类院校共同承担：一是设有农业院系的大学，主要提供本科和研究生学位课程，培养高等农业人才；二是地区农学院，提供高级国家农业证书课程，培养专业的农业技术人员；三是县农学院，提供普通国家农业证书课程，培养大众化的职业农民[1]。在英国的农民培训模式中，高、中、初级证书式教育的三个层次，分别对应着学位证、毕业证、技术证三个不同的培训目标，层次非常分明。英国的非正规职业农民培训是针对大部分普通农民的，主要依靠一些企业、机构、社会团体和个人兴办的培训机构共同参与，形成了培育职业农民的合力。而在法国，实行的是多元化的农村职业教育办学模式，积极鼓励和引导各种社会力量参与到农民培训事业当中，形成了多层次的培训体系。另外，法国农民专业培训和农民职业学历教育所获得的职业资格证书不同，职业农民的教育培训已形成了梯度，在培训中必须达到前一级证书的水平，才能参加下一级的证书培训，确保了职业农民培育的整体性和连续性[2]。

---

[1] 焦守田：《培养现代农民》，中国农业出版社2004年版，第58页。
[2] 张雅光：《法国农民培训与证书制度》，《中国职业技术教育》2008年第3期。

四 重视农民综合素质的培养

英国农民的职业标准由农业行业技能委员会制定，其是在充分考虑英国农业产业发展对劳动者综合素质需求的前提下，广泛征求农场主和农民的意见形成的。而英国的农民培训机构，会根据政府制定的职业农民标准，有针对性地组织培训。并且，在培训的内容上也是经常更新完善，从单纯的农业技术培训转向包括农业企业经营管理、农村生态环境保护和农业的可持续发展等技能知识，培训的内容更加丰富和具有时代性，旨在培育出适应现代农业发展需求的优秀职业农民。另外，英国的农民教育培训也非常注重培养学生的实践能力，因此在设置教学活动的过程中，多采用现场教学和工厂化教学，促进理论与实践的结合，确保培训内容的针对性、有效性。法国农业职业教育的内容也非常全面，不仅包括农产品生产和加工、农业经营管理、农业服务，而且还有农业环境和农业生态教育、国土资源整治、畜牧业良种保护和发展、森林维护等方面的内容，确保培育的职业农民都具有较高的综合素质。

第四节　国外培育经验对我国的启示

发达国家通过完善的职业农民培育体系，培养了大量高素质的职业农民，它们的先进理念和培育方法为我国深入推进新型职业农民培育提供了有益的借鉴。我国是一个农业大国，由于国土面积辽阔，各地区的气候、地形地貌、经济社会发展水平等条件千差万别，要求我们必须结合各地区实际和农民自身特点，有选择地借鉴国外培育经验，循序渐进地推进新型职业农民培育，培育更多合格的新型职业农民。

一 完善法律体系

我国政府一直高度重视"三农"问题,但是到目前为止还没有形成完善的农民职业教育的法律法规。因此,我们要借鉴国外职业农民培育的成功经验和法律法规,制定新型职业农民培育法律法规,重点是制定新型职业农民教育培训法等相关的法律法规。这些法律法规对新型职业农民的认定、参加培训的条件、培训的目标、培训的内容、培训资金的来源和运用、培训的师资队伍、培训效果的考核等内容都要做出明确的规定和要求,用法律保障新型职业农民培育工作的顺利开展。

二 创新培训体系

新型职业农民培训是培育职业农民的关键和核心,创新培训体系至关重要。首先是在培训对象的选择上,只有那些具备一定文化素质、学习能力和学习意愿的人,才适合作为培训对象,应该选择新生代农民、新型农业经营主体、返乡创业者作为新型职业农民的重点培训对象。其次,在培训主体上,要发展多元化的培育主体,组织农业类高等院校开展新型职业农民培训。同时,积极推动各种社会资本、企业及农村合作组织共同参与投资农民培训事业,鼓励社会民营培训机构的发展壮大,形成多渠道、多形式、多层次的培训体系。最后,在培训方式上,积极推行多元化的培训形式,如推行"田间学校",为农民进行田间的技术指导和现场教学。同时,利用现代远程教育便利,积极打造智慧农民云平台,为新型职业农民提供在线教育培训。

三 因地制宜借鉴经验

应当充分结合当地农业发展的实际情况，因地制宜地学习国外培育经验，以保证培训内容的针对性、培训结果的有效性。在东部经济发达地区，尤其是在广大城镇的周边地区，人均耕地面积较少，可以借鉴日韩模式培育农民的经验，加强农业科技和市场意识培训，鼓励采用先进农业技术和精耕细作，提高土地的产出率和经济效益；在东、中部和东北地区的各大平原，适宜大规模的机械化生产，可以借鉴美加模式培育农民的经验，支持农村土地有序流转，加大农机补贴力度，重点加强农民的机械操作能力培训，提高农业的机械化水平。在中、西部广大的丘陵和山区，适度的机械化生产和精耕细作相互结合才是农业发展的唯一出路，因此可以借鉴英法培育职业农民的经验，培育综合素质较高的职业农民。对农民进行综合知识和技能的培训，不仅包括现代农业生产技术，还包括生态环境保护知识，兼顾农业生产的科技化和机械化，同时确保农业生产和生态保护协调发展。

为方便读者对国内新型职业农民培育工作的了解和与国外做法相对比，本书提供了专栏二：新型职业农民培育工作纪实，供读者阅读（见附录5）。

第五节 本章小结

发达国家的农业现代化往往依靠职业农民来实现，80%的农地耕作和50%的农业产值由职业农民完成[①]。未来10到20年，新型职业农民将成为我国现代农业发展的主力军。因此，迫切需要借鉴发达国

---

① 乔金亮：《让农民成为体面的职业》，《经济日报》2019年6月14日。

家职业农民培育经验指导和推进我国新型职业农民培育。

（1）本章总结了发达国家的三种职业农民培育模式，这六个国家不仅有完善的法律政策体系来保障职业农民的培育，而且形成了特色鲜明的培育模式。一是日韩通过政府建立了多元化、多层级的职业农民培育模式，注重培育与产业发展的契合度，有效应对了农业从业人口少的问题；二是美加培育侧重农民职业化和现代化、机械化农业技能的养成，形成了完善的农业科教培训体系和公私结合的培训模式；三是英法培育重视农民综合素质的培养，重视农民的实践能力，培训体系和培训模式已相当成熟。

（2）国外培育经验对我国新型职业农民培育有着重要启示：首先要学习、借鉴发达国家职业农民培育和发展的法律法规，逐步建立起新型职业农民培育的法律保障体系；其次，要引导多种培育主体，创新培育培训模式，形成多层次、多渠道的培训体系；再次，根据不同农业地区，借鉴不同国外培育模式的经验，推动新型职业农民培育工作，形成与产业需求相吻合的职业农民队伍。

第七章 经济新常态下新型职业农民培育机制构建与政策建议

第一节 经济新常态下新型职业农民培育机制构建[①]

经济新常态对中国经济的影响必将全面且长远,农业作为国民经济的基础性产业,也应主动适应经济新常态,由新型职业农民引领现代农业发展。经济新常态下,培育新型职业农民应关注当前的现实困境,以培养能适应经济新常态、引领现代农业发展的生产经营者和农业接班人为目标,构建起途径多样、协同推进的培育体系。

一 我国现行新型职业农民培育机制及困境

(一) 我国现行新型职业农民培育机制

农业部启动的新型职业农民培育工程,要求按照"科教兴农、人才强农、新型职业农民固农"的战略要求,以造就高素质新型农业经营主体为目标,以服务现代农业产业发展和促进农业从业者职业化为

[①] 本小节主要内容以《新常态下新型职业农民培育机制的构建——基于7省21乡(镇)63个村的调查》为题发表于《现代经济探讨》2016年第11期。

导向，着力培养一大批有文化、懂技术、会经营的新型职业农民，为农业现代化提供强有力的人力保障和智力支撑[①]。这种政府主导的"自上而下"培育机制，经过实践探索，现已形成"教育培训—认定管理—政策扶持"的"三位一体"新型职业农民培育制度体系，新型职业农民培育工程取得了阶段性胜利。我国新型职业农民队伍不断壮大，正在成为现代农业建设的先导力量、新产业新业态的践行者、农业转方式调结构的引路人。

图7-1清晰地描绘出当前我国现行的"自上而下"的新型职业农民培育机制。这种机制的理论根基是：新型职业农民培育是一项基础性、公益性、长期性的事业，所以理应坚持政府主导，由政府全面统筹协调培育工作。政府除制定新型职业农民培育政策外，还统筹安排培训资金，委托农广校等培训机构，选拔和培养新型职业农民并组织新型职业农民的认定管理工作。

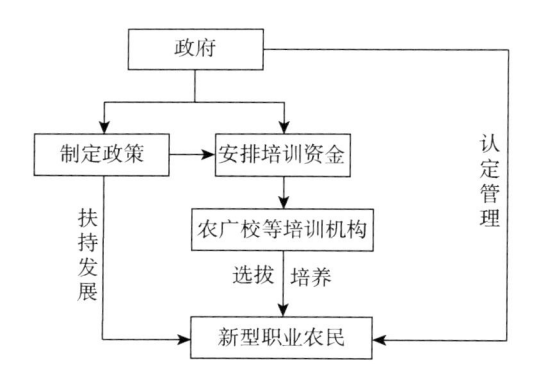

图7-1 我国现行的"自上而下"的新型职业农民培育机制

"自上而下"的培育机制可以充分发挥政府作用，快速推进新型职业农民培育工程，但是政府失灵和其他政策干扰因素也会不可避免

---

① 农业部办公厅、财政部办公厅：《关于做好2016年新型职业农民培育工作的通知》，http://www.moa.gov.cn，2016年5月30日。

地带来低效率、资源错配和培育精准度下降等突出问题，甚至容易产生寻租及腐败。本书发现，这种培育机制存在明显的一厢情愿，政府认为培育新型职业农民重要，所以农民就应当成为新型职业农民。事实上，我们调研发现，有很大一部分农民对新型职业农民的内涵并不十分了解，有的参加新型职业农民培训是政府部门要求的，有的参加新型职业农民培训是为了免费吃喝几天，被动参与的农民积极性明显不高、培训效果差；另外，培训资金均由政府统筹安排，资金来源有限，有的存在走过场现象，不利于培训和培育的深度开展，最终导致培育效果不佳。

（二）新型职业农民培育的现实困境

从对粤、浙、鄂、川、陕、桂、黑7省区21县（市）1512个农户和12个乡（镇）的典型调查，我们发现经济新常态下新型职业农民培育面临五大现实困境。

1. 以短期培训代替培育，农民内生性培育严重不足

从全国调研情况来看，当前各省基本上形成了以农广校等农民教育培训公益性机构为主体，统筹安排农业高等院校、农业科研院所、农技推广机构及其他社会力量配合的培养体系，并初步形成了教育培训、认定管理和政策扶持"三位一体"的新型职业农民培育制度，有力地推进了新型职业农民的培育。

培育不等于培训，但大多数省份都以培训10—15天结业的形式对新型职业农民予以认定，仅少数地方辅以跟踪服务，且绝大多数农民对新型职业农民的认识还很肤浅。历史经验告诉我们，只有农民有深刻认知并积极参与的新生事物才具有蓬勃的生命力，比如以家庭承包为主统分结合的双层经营体制极大地解放了农村生产力，释放了亿万农民的能量。如果把农民排斥在主体之外，忽略了农民的主动性和积极性，即使政府倾注再大的力量，投入再多的资金，耗费再长的时间，亦将是没有生命力的。

对1512个农户关于"从事农业最主要的原因（多选）"的调查显示，"照顾家庭"成为他们从事农业的第一位原因，占31.74%，说明农民作为职业的吸引力不大；第二位是"喜欢农业和农村"，占29.93%；第三位是"获得更高的收入"，占25.57%，说明现代农业开始吸引一部分有识之士；"其他原因"占12.76%。有些地方的农民根本不知道何为新型职业农民、如何认定、有哪些支持政策等，甚至一部分农民参与培训、认定，只是出于农闲时混吃混喝的想法。只有让农民真正认识到新型职业农民有一个好的从业环境，能获得体面的收入并能得到社会的认同与尊重，才会有更多爱农、懂农的人，尤其是中青年主动地要求并自发地加入到职业农民队伍中来。只有以内生性培育为主导，让有志于务农的人们自我要求、自我提升，并辅以合适的成长环境和制度体系，才能从根本上解决新型职业农民培育问题，才能真正解决农业生产后继无人的问题。

2. 教育培训成为农民职业化的主要方式，但与农民需求有差距

关于"提高自身职业技能的主要途径（多选）"，首先是"参加培训"，占45.26%；其次是"自学"（22.36%）、"同行传授"（19.96%）、"亲朋传授"（7.81%）及"其他"（4.6%）。农民培训成为提高农民职业技能的主要方式，但农民培训与农民的需求仍存在一定的差距。

关于"参加农民培训的主要目的（选3项）"，调查结果依次为："提高技能"，1237人次；"获得政策扶持"，1055人次；"提高素质"，706人次；"获得补贴"，664人次；"结交朋友"，332人次；"受到尊重"，245人次。进一步对"新型职业农民最需要培训的技能"调查发现许多培训单位的培训内容与农民的需求有较大差异，农民需要的是："种养殖技术"，988人次；"电子、信息和网络方面的技术技能"，665人次；"农业机械使用技术"，659人次；"农产品销售技能"，619人次；"农产品加工工艺与技术"，582人次；"管理技能"，362人次；"农业资源保护和资源循环利用技术"，356人次。另外，在具体的培

训方式上同样存在差异，对"最喜欢的新型职业农民培训方式（选3项）"调查的结果为："专家授课"，927人次；"专家跟踪指导"，829人次；"农民田间学校"，798人次；"参观"，785人次；"师生研讨"，455人次；"通过广播电视学习"，295人次。由调查可知，在培训过程中应根据农民的喜好采取多样化的培训方式，才能增强培训效果。最后，在"参加新型职业农民培训的困难（多选）"调查上，依据所选次数多少分别为："文化水平有限，难以掌握"，691人次；"没有时间参加"，687人次；"培训内容不实用"，366人次；"培训效果不显著"，363人次；"交不起培训费"，255人次；"培训方式不合理"，223人次。综上所述，培训要达到预期的目标，难度很大，需要根据农民的具体情况在培训内容、方式方法、师资选择等多方面因地、因人、因业做出调整和安排。

3. 农村制度创新不足，阻碍新型职业农民的成长和发展

制度创新是广大农民的期盼，也是新型职业农民成长和发展的希望所在。当前有许多农村制度束缚着广大职业农民的发展，造成他们对自身前途信心不足，缺乏应有的热情和积极性。

在调查中发现，"影响农民在农业领域进一步发展的主要方面"，首先是"缺少资金、技术"，占到了42%，这应该引起相关部门的重视；其次是"政府支持力度不够"和"受教育水平低"，二者分别占20%和18%；再就是"培训不足""其他"及"没有个人发展规划"等。

许多职业农民，由于不能提供有效抵押物，向银行贷款难，缺少流动资金，出现了诸如需要机械化操作的土地平整难以实施，扩大经营规模遇到瓶颈，引进新品种、新技术缺乏资金等问题，亟待农村金融制度创新。在农业科技的学习和实践过程中，由于有些地方缺少有效的技术推广制度，经常遇到"最后一公里"的障碍，等等。然而，培育新型职业农民，不仅要传授他们先进的农业生产技术、经营思路，

还要"扶上马、送一程",在农村土地流转制度、新型职业农民培训制度等方面都需要不断地创新。

4. 创业创新技能缺乏,收益低影响积极性

鼓励新型职业农民创业创新,就是主张通过鼓励、帮扶新型职业农民创业,使一部分新型职业农民在创业过程中不仅实现素质的全面提升,而且能够获得体面的收入、家庭亲情、社会尊严,能够扎根农村,专注发展现代农业,成为引领现代农业和农村发展的中坚力量。

在农民创业过程中,农民的种养选择难,粮食价格和价格补贴政策不稳定常常导致农民决策迷茫;生产经营的市场风险大,农产品销售难,经常不能与市场进行有效的对接;农民的创业创新不能与产业结构调整同步,不注重农村产业融合发展等问题。对 1512 个农户的调查结果表明,农业人均年纯收入最大值为 25 万元,最小值为 0.05 万元,平均值仅为 1.91 万元,务农收入比外出务工的农民工资性收入低很多,农民创业创新的热情不高。

5. 政府角色定位出现偏差,政策激励效果不显著

在新型职业农民培育和发展中,政府到底起什么作用?从当前政府的强势介入来看,政府希望扮演主导角色。这到底合不合适呢?从政府与市场二者的关系来看,现代农业是市场农业,新型职业农民应该遵循市场经济规律生产经营、获取收益,其产生理应是农民自身的理性选择行为。

我们从对 1512 个农户的调查中也得到印证。农民"最希望政府做好的事情(选 3 项)"依次为:"改善农村基础设施",1078 人次;"加大农业补贴力度",978 人次;"增加免费的新型职业农民培训",876 人次;"提供更好的农产品销售渠道",665 人次;"搞好农业信息服务",466 人次;"提高农产品价格",445 人次;"其他",65 人次。农民更希望政府为农民的生产和发展提供基础性的服务,创造良好外部发展环境,而非代替他们做决策。进一步,对"了解农业优惠政策情

况（多选）"的调查显示：没有哪一项执行的农业优惠政策是所有被调查者都了解的，23%的人了解"粮食直补政策"、22%的人了解"农机补贴政策"、21%的人了解"良种补贴政策"、14%的人了解"农业综合补贴政策"、9%的人了解"新型农业经营主体贷款优惠政策"、8%的人了解"土地流转政策"，更有3%的人一项都不知道，这组调查数据不得不让我们反省政府农业政策的宣传和执行力度，其政策激励效果可想而知。

二 构建"五位一体"的新型职业农民培育新机制

新型职业农民培育的理论分析表明要充分利用农民的乡土情结，通过产业带动和政策激励，坚持"内生主导、外生推动"培育制度，提升农民就业能力。结合新型职业农民培育实证分析结论，本书主张构建下述"五位一体"培育新机制，在培育中提升"经营能力"等九个方面的就业能力，最终实现新型职业农民生产效率与效益的提高。

（一）建立新型职业农民自主提升机制

唯物辩证法告诉我们，内因是事物发展的本质原因，是变化的根据；外因是事物发展、变化的第二位的原因，外因通过内因而起作用。在培育新型职业农民中，我们必须充分发挥农民自身的积极性与主动性，构建起自主提升机制，才会取得好的培育效果。

我们要弄清楚农民为什么愿意成为新型职业农民，愿意扎根农村以从事农业为终身职业？现阶段，农民就业有多元选择，其中进城务工成为很多中青年的主流选择，因为当农民工往往可以比务农获取更高的经济收益。一部分农民工在国家政策的引导下成为市民，但很多农民工当前并不愿意完全放弃农民的身份转变为市民，更多地过着城乡两栖生活，准备到一定年纪后再回农村生活。只有那些愿意在农村务农、坚信务农能获得高收益、接受过一定的职业教育或培训、拥有较高的农村就业能力与较明确的职业发展规划的农民，提高了自身的农业生产经营能力，他们才能在农村找准职业定位，获得发展良机，并较容易转型成为新型职业农民。因此，内生主导型的新型职业农民培育机制在经济新常态下十分重要。

内生主导型新型职业农民培育，以人本主义为中心，明确要以农民为核心，主张农民在就业偏好的影响下，在明确的个人发展规划指引下，让农民学会目标定位与管理，自觉接受农业生产和经营管理知识学习。农民根据自身发展目标自学或者采取半农半读、农学交替等方式到中职或高职农业院校学习种植、畜禽养殖、水产养殖、农业工程和经济管理、市场开拓能力等，或者争取到各类农民培训班学习，从而有目的地、分阶段地提高自身的务农技能和就业创业能力，进而充实现代农业生产经营者队伍。

（二）优化新型职业农民教育培训机制

在新型职业农民教育培训方面，国家和地方都已积累了不少的成功经验，基本上形成了"一主多元、上下贯通、支持有力"的新型职业农民教育培训体系，壮大了新型职业农民队伍，但在很多方面做得不完美，需要进一步优化新型职业农民的教育培训机制。

1. 教育培训主体优化

（1）在坚持以农广校等农民教育培训公益性机构为主体的基础上，在多元主体上做文章，特别是要鼓励更多农业龙头企业参与进来。农业龙头企业有实力、有师资，与培育企业发展所需的农户结合起来有动力。例如，陕西安康的阳晨培育模式值得借鉴。学员免费参加学习，每期开展3个月的培训。首先，1个月的理论学习，依据学员对生猪养殖了解的不同，分2个班分别上课。其次，2个月在阳晨公司进行动手操作，全程由教师指导，手把手地教，此过程实行轮岗制学习，每个学员每个工种都要干几天，接触不同的岗位，全面了解生猪养殖的各个环节。最后，学员回到自己的猪场实践操作。认定过程为：

培训合格取得结业证书,统一上报到县级主管部门;县级主管部门颁发县级职业农民资格证书;取得资格证书的统一到"星光牧场"实习1周;颁发安康市级职业农民资格证书[①]。学员从学习到认证实现一体化。认证后的新型职业农民可到公司成立的养猪产业联盟中承包养殖大棚,农民成为公司的职业养猪户。

(2)为鼓励各培训主体提高培训质量,坚持公平、公正、公开的原则,建立起新型职业农民培训机构资源库,更多采取政府购买服务的方式选择培训机构。这些培训机构应能根据不同产业、不同培训对象,设计不同的课程、安排不同时间进行系统精细的培训。

(3)要充分发挥农业大中专院校的教育培训功能,并尽可能地培养大批"下得去、留得住、干得好"的高素质新型职业农民,引领现代农业和农村发展。

2. 教育培训内容优化

作为一种职业群体,新型职业农民是伴随现代农业产业化、专业化、社会化的发展而成长起来的,其培育不同于旨在提高农民文化素质的一般性教育或培训,需要在厘清新型职业农民基本特征的基础上,探寻其培育的主攻方向,并构建相应的支持体系[②]。在培训内容上,要紧密结合当地主导产业和特色产业发展的方向,安排相应的培训内容。即使培育对象在职业定位不清晰的情况下,也可根据东部、中部、西部、东北地区产业的差异化,培育不同专业方向、适应不同产业发展的各类新型职业农民。

3. 教育培训方式优化

根据培训对象的差异和教育培训内容的不同,可以采取专家授课、专家跟踪指导、农民田间学校参观、师生研讨、通过广播电视学习或

---

① 王守聪等:《职业农民是如何成长的》,中国农业出版社2014年版。
② 童洁、李宏伟、屈锡华:《我国新型职业农民培育的方向与支持体系构建》,《财经问题研究》2015年第4期。

网络自学等教育培训方式。为使新型职业农民尽快掌握新技术，教育培训机构要特别重视后期的跟踪服务：一方面帮助新型职业农民实现从知识到技能的转化，对他们进行技术指导，及产品贮藏和加工、市场信息、产品营销等各环节的辅导服务；二是创新跟踪服务方式，积极利用移动互联农技推广服务网络平台、农信通、农业科技网络书屋等信息化服务手段，克服服务困难，提高助推新型职业农民发展的服务效率。

4. 教育培训对象优化

在7省（区）调查中，我们发现有一部分培训对象，年龄超过了55岁，文化程度较低，对新型职业农民认识也不是很清楚。在某种程度上说，国家和地方的教育培训资源利用效率偏低，在教育培训对象选择上应进一步优化。应以新型农业经营主体负责人和有强烈意向在农村发展的青年农民或返乡农民工或返乡大学生作为培训的主体；农业大中专院校在培育新型职业农民时亦应先对其回农村务农的意愿和倾向进行评估，选择有强烈学农、务农意愿的同学进行专门的教育和训练。

（三）健全新型职业农民创业培植机制

经济新常态下，通过全面深化改革，让一切想创业创新的人都有舞台，让各类主体的创造潜能充分激发、释放。农民是经济新常态下推动"大众创业、万众创新"中人数最多、潜力最大、需求最旺盛的群体。诺贝尔经济学奖得主菲尔普斯高度赞誉中国的"双创"，他认为：启动所有领跑世界经济增长国家繁荣的钥匙是"无处不在并且深入草根阶层的创新"[①]。李克强认为"双创"实际上是一项改革，要善待草根创业者，善待年轻人。只有他们有希望有期待，国家才会有未来。

1. 新型职业农民创业培植的逻辑机理

如图7-2所示，农民通过农业创业，在创业的过程中得到历练，

---

① 杨芳：《李克强为柴火创客添这把"柴"烧得好旺》，http://www.people.com.cn，2017年2月20日。

从而真正成为新型职业农民,扎根农村、发展现代农业。当然,在农业创业的过程中,首先是农民要有创业意愿且拥有与之匹配的创业能力,然后能够较好地识别农业创业机会,接着做出决策进行创业,最后是产生创业绩效。当农民创业取得成功并创造不错的业绩后,农民自身素质不断提升,发展现代农业的信心也将不断增强。

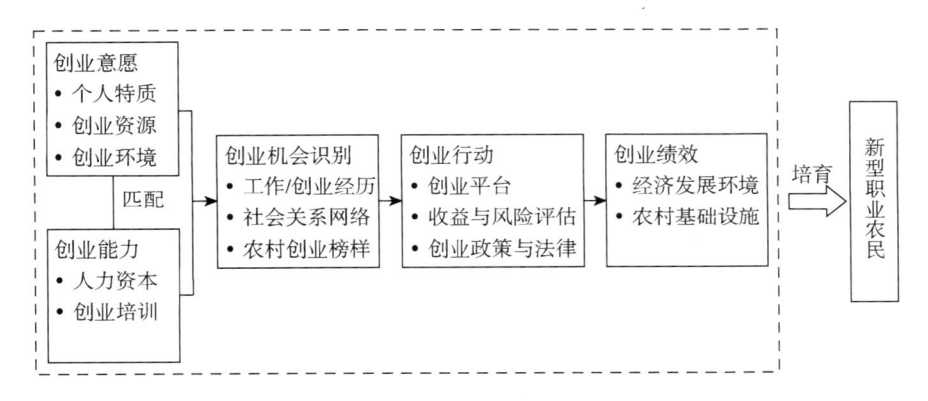

图 7-2 新型职业农民创业培植的逻辑机理

2. 新型职业农民创业培植 SWOT-PEST 分析

结合 SWOT 和 PEST 两个模型对经济新常态下新型职业农民创业培植进行分析,运用 SWOT 模型分析判断农民创业在发展过程中面临的内部优势和劣势条件及外部环境带来的机会和潜在的威胁;运用 PEST 模型分析法全面分析影响新型职业农民创业培植的政治因素、经济因素、社会因素和技术因素,详见表 7-1。

表 7-1 经济新常态下新型职业农民创业培植 SWOT-PEST 分析矩阵

PEST＼SWOT	P（政治）	E（经济）	S（社会）	T（技术）
S（优势）	政府鼓励大众创业、万众创新	农村土地流转有序进行且流转租金不高	大量农村剩余劳动力转移就业	市场条件下,创业技术易获取

续表

PEST / SWOT	P（政治）	E（经济）	S（社会）	T（技术）
W（劣势）	农村发展环境不够好	1. 创业资金筹措困难； 2. 农村区域经济发展水平不高； 3. 农村基础设施配套不完善	创业文化嵌入不足	农民接受职业教育少，农民创业能力不足
O（机会）	政府支持农业发展力度不断加大	农业产业转型升级	农村创业氛围日益浓郁	1. 创业审批手续简化； 2. 创业培训增多
T（威胁）	有些支持政策落实不到位、效果不明显	1. 经济新常态下城市就业挤压，存在务工农民回流压力； 2. 创业风险大	农民创业资源竞争压力大	

3. 促进新型职业农民创业

进一步优化农民创业环境，增强农民创业意愿；进一步优化农村的基础设施、农村的经济发展环境和创业的配套政策，让愿意留在农村发展的人看到机会，看到农村发展前景；加大对创业典型的宣传，出台和落实农民创业支持系列政策，重点加强农民创业培训，全面提升农民素质，提高农民创业成功率，帮助农民在创业实践中成长成熟。

（四）深化制度创新，培育新型职业农民机制

重点在以下制度上进行创新，以促进新型职业农民快速、健康成长。

（1）农村金融制度创新。各商业银行可积极探索支持新型职业农民的新贷款品种，在风险可控的前提下逐步推出一些新的贷款品种，采用更简易的贷款方式；农村信用合作社应积极创新支农惠农服务方式和金融产品，尤其是信用贷、农村土地承包权及流转经营权、水域滩涂经营权、林权等权证抵押贷、农业合作社或有上下游关系经营主体间的联保贷等多种方式，当然还可以由政府或其授权的保险公司进行担保贷等方式,以确保新型职业农民发展中的资金需求。

(2)推进农村土地产权制度改革,重点在土地承包经营权证、土地流转平台、土地流转方式上取得突破,鼓励和引导农村土地承包经营权向新型职业农民流转,发展多种形式的适度规模经营。政府在财政许可的前提下,要对农村土地流转进行分级、分类的补贴,以支持新型职业农民的适度规模经营的积极性,抵御经营风险。

(3)农业技术传播制度创新。整合现有科教资源,优化农业科技传播主体,将农业院校和科研院所与现有农技推广体系结合起来,实现资源共享,充分发挥农业院校与科研院所的作用,保证农民学有其所、学其所需、学有所用;农业科技推广人员要根据农时、农需放下身段,创新方式让新型职业农民及时得到精准化技术服务;充分发挥互联网的作用,多元化服务农民。

(五)完善农业政策激励新型职业农民成长机制

出台系列支持新型职业农民发展的政策措施将最大化地激励新型职业农民在农业和农村的健康成长。首先,用以奖代补的方式对获得资格认定的新型职业农民给予相应的资金补贴或物化补贴,以提高新型职业农民认定的含金量;其次,出台系列扶持新型职业农民发展的政策,譬如引导农村土地优先向新型职业农民流转并简化手续、强化服务,引导土地整理、小型农田水利建设等基础设施建设,各级各类农业项目新型职业农民优先立项,采取贷款贴息的办法引导小额贷款向新型职业农民倾斜等;最后,进一步稳定和完善农产品价格补贴政策和土地流转政策,让新型职业农民真正得到实惠,吃下"定心丸"。

第二节 经济新常态下新型职业农民培育的政策建议

通过培育新型职业农民促进农民职业化是实现"新型农业现代

化"的重要手段,是推动经济新常态下农业发展、转变生产方式、加快农业生产现代化步伐的重要环节,它还是保障社会和谐、促进城乡一体化的有力举措。本小节对现有新型职业农民培育政策进行了全面梳理和评价,并结合之前的理论和实证研究结论,提出经济新常态下新型职业农民培育的政策建议。

一 现有政策梳理和评价

(一)现有政策梳理

1. 国家层面

2017年1月9日农业部印发了《"十三五"全国新型职业农民培育发展规划》,规划指出"加快培育新型职业农民,造就高素质农业生产经营者队伍,强化人才对现代农业发展和新农村建设的支撑作用"。党中央、国务院及农业部、财政部等相关部门十分重视新型职业农民培育工作,先后出台了一系列政策文件,成为我国新型职业农民培育的必要保障。

自2012年中央一号文件首次明确提出新型职业农民的概念后,历年中央一号文件对新型职业农民问题都尤为关注(见表7-2)。

表7-2 2012—2018年中央一号文件中涉及新型职业农民培育的精神

年份	文件精神
2012年	以提高科技素质、职业技能、经营能力为核心,大规模开展农村实用人才培训,培养农村发展带头人、农村技能服务型人才、农村生产经营型人才,大力培育新型职业农民,对未升学的农村初高中毕业生免费提供农业技能培训。该文件首次提出"新型职业农民",并对新型职业农民的类型及能力进行了界定
2013年	强调着力加强农业职业教育和职业培训。充分利用各类培训资源,加大专业大户、家庭农场经营者培训力度
2014年	落实中等职业教育国家助学政策、开展面向新型农业经营主体的直通式气象服务,等等

续表

年份	文件精神
2015 年	积极发展农业职业教育、大力培养新型职业农民和完善对新型农业经营主体的金融服务
2016 年	加强涉农专业全日制学校教育,支持农业院校办好涉农专业,健全农业广播电视学校体系,定向培养职业农民
2017 年	开发农村人力资源,重点围绕新型职业农民培育、农民工职业技能提升,整合培训资金,建立政府主导、系统规范的培训机制,培养适应现代农业发展要求的新型农民
2018 年	大力培育新型职业农民,全面建立职业农民制度,实施新型职业农民培育工程,支持新型职业农民参加中高等农业职业教育,创新培训机制,鼓励各地开展职业农民职称评定试点

资料来源:课题组整理。

连续 7 个中央一号文件从多角度强调了新型职业农民培育工作的重要性,特别是 2018 年的中央一号文件明确要大力培育新型职业农民,并从宏观上指明了培育的方向和思路。

在国家层面上,除了中央一号文件外,我国农业部近年出台的相关文件主要还有《新型职业农民培育试点工作方案》《关于促进家庭农场发展的指导意见》《关于统筹开展新型职业农民和农村实用人才认定工作的通知》《关于做好 2016 年新型职业农民培育工作的通知》《"十三五"全国新型职业农民培育发展规划》等。上述政策的主要内容可以概括为:启动新型职业农民培育试点,探索建立教育培训、认定管理、政策扶持"三位一体"培育制度;在明确新型职业农民概念、制定认定管理办法、规范认定程序、纳入教育培训、加强考核管理等方面提出了具体指导意见,也提出"争取组织、人社、发改、财政、金融等部门的支持,探索构建新型职业农民和农村实用人才扶持政策体系,把财政补贴资金、示范推广项目、土地流转政策、金融社保支持等与新型职业农民和农村实用人才认定工作挂钩,提高认定的吸引力、含金量和认可度";① 提高新型职业农民培育的针对性、有效性、规范性,提升新型职业农民的发展能力,把职业农民培养成建设现代农业的主导力量。但是,这些具体政策基本集中在关于新型职业农民的教育培训方面,在其他方面的针对性措施尤为缺乏。

2. 地方层面

上述关于新型职业农民培育的政策文件都是从国家层面出台的,相应地各地也相继出台了一系列配套扶持政策。由于各地出台的配套扶持政策数量众多,不胜枚举,故笔者收集了以湖北、陕西等7省区为例的2014年至2017年出台的新型职业农民地方扶持政策的主要内容与政策成效,整理如表7-3所示:

表7-3 新型职业农民培育的地方扶持政策(七省区)

省份	文件名	政策主要内容	政策成效
湖北	《2014年湖北省新型职业农民培育工程实施方案》《关于做好2015年新型职业农民培育工作的通知》《关于做好2016年新型职业农民培育工作的通知》《中共湖北省委、湖北省人民政府关于深入推进农业供给侧结构性改革 加快培育农业农村发展新动能的实施意见》	做好新型职业农民和农村实用人才认定工作,加大政策扶持力度并提升培训效果;建立教育培训、认定管理、政策扶持"三位一体"的政策体系;新型职业农民分类培训;成立农技推广人才培训班和师资培训班;建立政府主导、部门协作、统筹安排、产业带动的培训机制	2016年,遴选新型职业农民培育对象12.3万人,培训4.8万人,获得政府政策扶持5800多人;2017年,培育新型职业农民4.5万人

---

① 肖俊彦:《构建培育我国新型职业农民的政策框架》,《中国经济时报》2016年8月23日。

续表

省份	文件名	政策主要内容	政策成效
陕西	《陕西省新型职业农民教育培训大纲（试行）》《陕西省2014年新型职业农民培育整省推进工作方案》《陕西省2015年新型职业农民培育实施工作方案》《2016年陕西省新型职业农民培育认定管理办法》《陕西省2016年新型职业农民培育工作实施方案》	实施12所县级农广校标准化建设，增强职业农民培育能力；按照"总体有安排，月度有计划，年底有考核"的原则，分三个阶段实施培育；以种养大户、家庭农场主、青壮年农民、返乡创业农民和农科类大中专毕业生等为重点分类培育，统筹规划；被评为高级职业农民后，其所带领的合作社、农业园区、农业龙头企业等，可享受如土地流转、融资贷款手续、项目扶持等政策倾斜	自2014年开始培育认定新型职业农民，先后认定了150个省级和1029个市级、县级职业农民实训基地；截至2017年11月，全省已认定新型职业农民36876人
黑龙江	《黑龙江省2015年新型职业农民培育工程实施方案》《黑龙江省2016年新型职业农民培育工程实施方案》《黑龙江省人民政府关于加快新型职业农民培育工作的意见》	采取"农学结合"就地就近开展培训；针对岗位开展培训；对于符合新型职业农民标准的农民可不经培训直接颁发新型职业农民资格证书；对于认定的新型职业农民，在土地流转、农业基础设施建设、金融信贷等强农惠农富农政策上给予倾斜照顾	截至2015年年末，全省总计培训新型职业农民13760人；2016年起，新型职业农民培育工程在全省47个国家级培育示范县实施新型农业经营主体带头人轮训计划和现代青年农场主培养计划；到2020年，新型职业农民数量达到10万人
广东	《广东省教育厅、广东省农业厅关于开展新型职业农民培养试点工作的通知》《广东省2017年新型职业农民培育项目实施方案》	广东省教育厅、广东省农业厅组织涉农中等职业学校开展新型职业农民培养试点工作，每所试点学校的年招生规模不超过500人，每个专业不超过100人；探索构建一套包括教育培训制度、认定管理制度和扶持政策的制度体系；建立新型职业农民培育认定数据库和信息管理系统，为动态管理、开展培训、提供服务、落实政策奠定基础	自2012年起，广东新型职业农民培育的各个试点县已取得初步成效。如，梅县试点期间培养认定了1000名左右的新型职业农民，重点培育生产经营型职业农民；和平县2014年培育新型职业农民600名，2016年培育500人；广州市2016年培育1859人。广东省"十三五"期间将培育新型职业农民5万人

续表

省份	文件名	政策主要内容	政策成效
广西	广西壮族自治区人民政府办公厅《关于加快新型职业农民培育工作的意见》《自治区农业厅关于印发广西壮族自治区新型职业农民认定管理暂行办法的通知》《2016年广西新型职业农民培育工程项目实施方案》	整村推进新型职业农民示范教育与培育；实施现代青年农场主培养和新型农业经营主体轮训；开展新型职业农民进高校活动并鼓励农民田间学校和实训基地建设	2016年利用中央财政专项资金5223万元，在柳州、钦州、贺州、河池4个市和武鸣等80个示范县（市、区），开展新型职业农民示范培育、打造100个新型职业农民示范村、现代青年农场主培养计划等工作；截至2018年1月，已经培育新型职业农民58842人
浙江	《浙江省农业厅关于做好2017年新型职业农民培育工作的通知》	浙江农林大学挂牌成立浙江农民大学，并设6个分校区，作为新型职业农民教育的平台；计划用5年时间，将新型农业经营主体带头人轮训一遍，每年培养现代青年农场主1万人；省级新型职业农民培育列入"千万农民素质提升工程"	浙江省萧山、鄞州、乐清等10个试点县（市、区）在2—3个主导产业或农业生产经营主体中培育新型职业农民平均500人以上；湖州市新型职业农民培育试点两年间培育4000名新型职业农民。全省"十三五"期间将培育新型职业农民5万人
四川	《四川省新型职业农民认定管理暂行办法》《四川省人民政府办公厅关于加快新型职业农民培育工作的意见》《四川省农业厅关于做好2017年新型职业农民培育工作的通知》	认定40个省级新型职业农民培育试点县；优先培育从事农业生产、迫切需要提升素质和生产技能的农民；全省计划每年培育新型职业农民4万人；出台新型职业农民培育扶持政策，主要有产业扶持、科技扶持、社保补贴、创业补贴、金融支持等	预计到2020年，将累计培育30万新型职业农民，其中生产经营型18万人、专业技能型6万人、专业服务型6万人

资料来源：课题组整理。

（二）政策评价

1. 积极作用

（1）从中央到地方政府已基本达成共识，新型职业农民是发展我国现代农业的实践者，培育新型职业农民具有重要的战略意义且极其紧迫。

（2）国家层面通过农业部、财政部及教育部出台了一系列培育新型职业农民的政策，在全国已点起了新型职业农民培育的星星之火；地方政府也积极实践和探索新型职业农民培育特色之道，形成了一些可资借鉴之法。

（3）培育已产生一定的成效。"十三五"新型职业农民培育发展主要指标显示，截至 2015 年全国已培育新型职业农民 1272 万人，计划到 2020 年培育总量达到 2000 万人。

2. 存在问题

（1）培育模式不科学，影响了新型职业农民培育的效果。从当前新型职业农民培育工作来看，采用的是农业部规划和指导下的政府主导型培育模式。该模式过多依赖政府，导致市场作用发挥不足，农民的内生动力也没有被激发，实践中发现培育效果不佳。

（2）培育工作缺乏健全的支持政策，农民参与积极性不高。虽然国家层面高度重视，教育培训、认定管理、政策扶持"三位一体"制度体系初步形成，但是仍然存在一些问题，比如在教育培训中政策倾斜过多，而扶持规范和施行准则较笼统，致使培育支持政策的认可度大打折扣。

（3）培育工作缺乏有效的宣传，农民职业化转型效率低。经过培训的农民大多不能实现职业化转型，很大一部分原因在于农民对"新型职业农民"的理解和认知不足，政府对新型职业农民培育的扶持政策宣传不到位，等等。

总之，培育新型职业农民是一项重大而复杂的系统工程，对于我国经济新常态下的经济发展具有重要的战略意义。但如果政策仅囿于加强农民的教育培训或惠农护农是远远不够的，还要进一步转变培育思路，并创新政策，形成完善的政策体系，有条不紊地推进新型职业农民培育工作。

二 政策建议①

应进一步理顺新型职业农民培育的内部逻辑，遵循"内生主导、外生推动、政府引导、市场运作"的培育思路，瞄准"能人种地、科学种地、种地增收"三大政策目标，加强顶层设计，确保国家粮食安全和农业、农村可持续发展，出台精准匹配的新型职业农民支持政策，通过将自下而上的需求和自上而下的政策引导有机结合，健康有序地推进我国新型职业农民培育工作。

（一）加强新型职业农民培育的立法，建立健全新型职业农民法律法规

我国现在还有一半人在农村，有六七亿人，另外还有2.8亿左右的农民工。有承包地的农户约2.3亿户，平均每户承包地约半公顷，所以我国拥有全世界最大的农民群体，经营的是世界上规模最小的农业。经济新常态下，我们既要实现新型城镇化、新型工业化，又要实现农业现代化，怎么办？理想的路径是，一方面，通过加强社会保障制度建设，加快农民工市民化进程，让中国农民数量减下来；另一方面，加大新型职业农民培育，让更多的职业农民来从事持久、稳定和高效的农业生产经营，提高农业经营规模和效益，增加农民收入。

在新型职业农民法制化建设方面，可资借鉴的是，日、韩都制定了培育职业农民的完整的法律法规体系；美国和加拿大出台了一系列农业支持法律并形成了职业农民培训的法制化，为职业农民培育的规范化创造了条件；英国和法国政府制定相关法律、法规，保障农民参加职业教育的权利，以达到培养大量职业农民的目的。因此有必要为

---

① 本部分内容作为阶段性研究成果，以《新型职业农民培育问题的思考与政策建议——基于粤、浙、鄂、川、陕、桂、黑七省区的问卷调查》为题发表于内参《要文摘报》2017年第15期。《湖北今日重要信息》2017（1122），上报中央；《三农中国（第30辑）》征用。

新型职业农民培育立法，借鉴国外培育职业农民的成功经验，重点制定新型职业农民培育和管理法，对新型职业农民的认定、参加培训的条件，培训的目标、培训的内容、培训资金的来源和使用，培训的师资队伍、培训效果的考核等内容都做出明确的规定和要求，用法律保障新型职业农民培育工作的顺利开展。对生产型、技能型、社会服务型及返乡创业型等不同新型职业农民予以界定，并对其享受的差异化政策待遇给出指导性意见。

（二）设立新型职业农民培育专项资金，实现市场化培育

用统筹的战略思想指导新型职业农民培育工作，设立新型职业农民培育专项资金，通过政府购买方式，实现新型职业农民的市场化培育。

在国家层面，通过农业农村部、财政部设立专项资金培育新型职业农民，引导地方政府支持该项工作。一块为培育资金，通过竞争性项目方式用于地方新型职业农民培训；另一块为新型职业农民认定的管理费用，其中一部分作为新型职业农民职业资格认定委员会的认定工作经费，一部分作为对新型职业农民培训的第三方考核和监管费用，以保证新型职业农民培育符合现代农业发展需要，并在培训内容上更加丰富和具有时代性，培育出优秀的新型职业农民。在地方层面，政府在财政预算中划拨专门经费设立培育资金。培育资金主要有三个用途：其一，用于新型职业农民培训项目；其二，对参加培训的农民提供一定数额的经费支持及误工补贴，以激发农民参加培训的热情，形成多方合力，共同支持新型职业农民的培育工作；其三，对新型职业农民农业发展困难者提供过渡资金支持，帮助他们克服困难。

（三）坚持"三大重点"培育政策，提高新型职业农民培育效果

在培育中应坚持重点培育导向，具体是要实现"三大重点"培育。一是重点培育有文化、年轻的新型农业经营主体。这部分人最容易转型为新型职业农民。二是重点培育适度规模经营者。在培育中，最好能有相应政策规定，新的适度规模经营者必须为新型职业农民，

以实现新型职业农民的成长激励计划。三是重点培育发展现代生态农业的农民。这类农民的经营方向符合农业供给侧结构性改革的要求，有利于实现农业的可持续发展。

（四）深化改革农业补贴机制，增强新型职业农民成长的积极性

农业是第一产业，具有很强的公共性和社会性。世界多数国家优先保护农业发展，通常都拿出大量财政资金支持农业，其中大多以直接补贴的方式给予农业补贴。例如，欧盟每个农户每年可获得超过合15万元人民币的政府补贴，欧盟、美国农民40%的收入来自政府补贴；韩国、日本、冰岛、瑞士和挪威等国家农民60%的收入来自政府补贴[1]。近些年来，中央高度重视农业，农业补贴不断增加，早在2013年我国四项补贴总额已达2000亿元，但仅占全年财政支出的1.5%，其中直接补贴1600多亿，占农民收入的3%左右。尽管我国农业支持额度连年增长，但相对水平依然偏低。

为保障农民收益和促进新型职业农民培育，一方面应逐步增加农业补贴总量，力争农业补贴占农民收入的比重不断提高，另一方面学习发达国家在20世纪90年代以来农业支持政策调整经验，增加农业服务、提升农民可持续发展能力。在充分利用WTO规则下，完善我们的"黄箱""蓝箱"和"绿箱"政策，逐步实现由"黄箱"向"绿箱"的转变，充分利用"绿箱"来支持农业发展和增加农民收入，在不违背国际规则的前提下综合运用好各种农业补贴。逐步减少农业流通领域的补贴额，减少中间环节的补贴，不断增加农业综合开发、农民收入的支持力度，增加农业科技专项补贴、市场化公共服务的扶持、农村基础设施建设和社会事业发展的投入。按照2017年中央一号文件第27条精神，完善农业补贴制度。下一步要不断提高农业补贴的指向性和精准性，重点支持粮食主产区、适度规模经营者、机械作业及绿

---

[1] 谢淑娟：《在新型城镇化建设中扩大农村居民消费》，《宏观经济管理》2014年第11期。

色生态发展。实施耕地、草原、河湖休养生息规划，推进耕地轮作休耕试点，合理设定补助标准。探索和实施农业生态环境补贴，进一步加大退耕还林还草、生态农业、土地休耕以及农村教育等补贴，促进农业和农村可持续发展。探索土地流转补贴，促进农业生产的产业化与专业化水平。在推进农业供给侧结构性改革中，要进一步完善农业直接补贴政策，注重保护农民利益，弥补部分农产品下跌给农民造成的损失。加大农业服务体系建设，完善农业保险制度和风险分担机制，提升新型职业农民的可持续发展能力。

创新和改革农业补贴发放方式，在普惠制基础上，将新增农业补贴重点向新型职业农民倾斜、向规模经营倾斜，在承担农业项目、基础投入、土地流转、税费减免、金融信贷、信息服务、营销推广等方面优先考虑支持新型职业农民发展。如新增粮食、棉花补贴，农业生产资料购买补贴，可以与土地经营规模、产量及经营年限等挂钩[①]。2015年开始，全国已调整20%的农资综合补贴用于支持粮食适度规模经营。在具体发放环节，可考虑由新型职业农民和新型农业经营主体自主申报，然后在对原有农地承包者承包面积核实的基础上进行补贴发放。随着"三权分置"改革，在农地确权登记的基础上，这项工作的完成将十分便利，成本也会逐步下降。

（五）完善新型职业农民扶持政策，助推新型职业农民队伍发展

政策扶持是推动新型职业农民培育的基本动力，是构建新型职业农民培育制度的根本保障。因此，各级政府应完善新型职业农民的扶持政策体系，助推新型职业农民队伍建设。一是新型职业农民发展资金支持，资助与贷款有机结合。各级政府财政预算中设置专项经费支持新型职业农民成长和发展，例如，对本地户籍返乡创业的农业类大

---

① 肖俊彦：《构建培育我国新型职业农民的政策框架》，《中国经济时报》2016年8月23日。

学毕业生和返乡创业的农民工进行创业扶持补贴；对已认定的新型职业农民，补助生产用房、农业生产资料购买；优秀的新型职业农民可优先获得银行贷款、提高授信额度等；随着"三权分置"改革的深入，将抵押的金融属性附着在农地的经营权上。二是实行青年新型职业农民发展计划。在《"十三五"全国新型职业农民培育发展规划》的基础上，对中等教育及以上学历，年龄在18—45周岁之间的返乡创业农民工、中高等院校毕业生、退役士兵以及农村务农青年等在培训指导、创业孵化、认定管理、政策扶持中，经过考核者给予优先扶持，优先兑现高标准农田整治、农业贷款、农业保险、购机补贴等农业项目和惠农政策，以吸引年轻人务农创业，提高其创业兴业能力。三是简化新型职业农民申请中小型农村能源计划的程序，鼓励他们改善农村生产和生活条件。四是积极引导培育机构因人制宜地搞好差异化教育培训、培育与农业转型升级的有机融合等方面的探索和创新，以及对农民创业者的跟踪服务。五是密切关注新型职业农民团队的新形态，鼓励他们凝心聚力、优势互补、协力发展。

（六）营造新型职业培育良好氛围，推进新型职业农民培育工作

各级政府应充分发挥引导作用，积极营造良好氛围，在充分尊重农民自主选择的基础上，在保障和增加农民权益的制度前提下，激发新型职业农民内生发展的动力。通过宣传发动、凝聚各方力量、整合社会资源，营造全社会关心和支持新型职业农民培育的浓郁氛围，进一步推动新型职业农民培育工作。

发挥党报党刊"喉舌"作用，大力宣传新型职业农民培育的战略意义和国家农业相关扶持政策，吸引农村有志于农业发展的人才留农、务农、爱农。综合运用网站、电台、电视台、微信平台、橱窗、宣传册等多种方式，广泛宣传各地新型职业农民成功榜样，树立务农有为、务农致富的新风尚。开展各种新型职业农民技能大赛，建立健全表彰机制，努力营造争做新型职业农民新风尚。

第八章　研究结论与展望

本书基于粤、浙、鄂、川、陕、桂、黑7省（区）的实地调研考察，通过经济学理论分析和实证分析，对新型职业农民培育的现状、问题、影响因素、国际经验、机制与政策等内容进行了深入讨论，形成了一个较系统的研究体系。本书对破解未来谁来种地、怎么种地的困境，以及从生产端、农业供给侧入手提高农业供给质量与效益，提供了有益的思路，并具有较强的指导意义和参考价值。

第一节　主要研究结论

一　新型职业农民有良好的职业发展前景

经济新常态下农民的增收基础比较脆弱，增收渠道有待拓宽，增收长效机制尚未建立，城乡收入差距仍然较大。我国将继续实施就业优先战略，实现比较充分的就业，把促进就业作为经济社会发展的优先目标。然而，经济新常态下农民就业发生了新变化，遇到一些新情况、新问题、新挑战，当然也出现了一些新的积极因素和有利条件，需要深入去研究。

改革开放后，随着工业化和城镇化的发展、经济结构和产业结构的调整以及我国户籍制度的改革,农民获得了多元化的就业机会,农民的就业观念也发生了较大变化,经济新常态下农民就业自由选择权越来越大,就业多样化十分普遍。农民不再被困在农村和自家的一亩三分地上,一部分人开始兼业、一部分人实现异地转移就业,走上了打工路。农民工资性收入增长较快,2015年农民的工资性收入在农民收入中的占比已超过家庭经营收入。

当然,农民工资性收入增长受经济形势所能提供的进城务工就业岗位的影响极大。2008年国际金融危机以来,一些大城市不同程度出现的"民工荒"反映出农民的就业受限,要么是岗位不足,要么是不能满足由于结构调整所带来的技能变化的要求。一些农民工选择返乡就近就业或创业、不再"东南飞"。特别是在当前大众创业、万众创新的理念引领之下,作为理性经济人的农民已经学会用脚投票表达自己的就业选择意愿,农民希望得到更多更好的就业机会,发展农业生产也成为一少部分人的就业首选项[①]。在农村务农,假若没有较强的生产经营能力,将难以发展现代农业,难以获得理想的经济收入。农民就业能力对就业选择以及经济收入增长的影响越来越大,就业能力导向越来越明显。

经济新常态下,农民对在农村发展有什么要求呢?一是就业变得更加体面;二是就业更加稳定;三是收入水平更高。经济新常态下农业产业转型升级正好可以提供一些这样的就业岗位。调研表明,新型职业农民的经营规模比传统农民大、农业机械拥有量多,有利于节约交易费用并实现规模经济,新型职业农民的第三阶段 DEA 规模效率显著。新型职业农民经营的土地平均为101.39亩,是传统农民的4.23倍。新型职业农民的年均纯收入为8.76万元,是传统农民的1.91倍,

---

① 本项目阶段性研究成果《多元就业条件下农民就业选择分析》的研究表明:年龄越大、拥有的承包地越多的农民越倾向于选择自家农业生产,35岁以下新生代农民拥有金融资产越多时越倾向于选择自家农业生产。

农业生产经营效果远远好于传统农民。新型职业农民不仅知道"做正确的事",而且知道"正确地做事",前景光明、前途美好。

新型职业农民是新型农业经营主体中的主体,是发展现代农业的主力军。经济新常态下,通过应用现代信息技术,催生了农业新业态、新模式,实施"互联网+"现代农业,发展电子商务,完善配送及综合服务网络,使新生代农民感受到农业和农村发展的希望,农业生产强度下降,农业效益上升,农民开始成为体面的职业,新型职业农民有奔头。当下正轰轰烈烈开展的农业供给侧改革,已成为当前和今后一个时期我国农业农村经济发展的大逻辑,供给侧改革让生产要素流向效率更高的农业经营者,那些懂农业、有闯劲的新型农业经营主体、服务主体和新型职业农民将提高农业资源配置效率,推动新兴需求和农业供给能力的对接,形成中国农业经济发展新动能。

因此,应加大对新型职业农民发展前景的宣传报道,让更多的农村青年认同这一职业,寻求最大的共识,吸引一部分有理想的年轻人扎根农村发展农业。

二 新型职业农民培育的影响因素和重点对象

经济新常态下,现代农业的发展必须依靠高素质的农民才能实现。新型职业农民培育机理研究表明,培育新型职业农民,首先应与农民个体发展需求相一致,其次是外部环境将直接影响新型职业农民的成长和发展。

利用7省(区)21县(市)1512个农户调查数据,通过二元Logit模型对新型职业农民培育的影响因素的研究发现:性别、年龄、父母亲职业、农业职业教育情况等18个因素对新型职业农民培育具有显著性影响;能否做到经常自学农业技术和管理知识表明农民有无成为新型职业农民的意愿,成为影响新型职业农民培育的重要因素之一;

新型职业农民培育受培育者年龄、受教育程度以及是否接受过农业职业教育的影响很大，其中年龄对新型职业农民培育具有负向影响，受教育程度对新型职业农民培育具有正向影响，接受过农业职业教育对新型职业农民培育具有正向影响；新型职业农民培训和政策扶持对于促进新型职业农民培育具有重要的积极作用。

在培育新型职业农民中应坚持就业能力导向，以就业能力提升为培育的风向标。新型职业农民就业能力实证研究表明：职业专长等六类因素决定其就业能力大小，其中职业专长＞人力资本＞社会资本＞职业发展＞职业认同＞职业适应性，职业专长是影响新型职业农民就业能力最为关键的因素。样本新型职业农民就业能力综合得分的平均值为1.436，一名合格的新型职业农民必须大于或等于这一数值。

应优先精准培育年轻的、素质高的、能主动学习技能的、新型农业经营主体四类人群。

三 充分发挥农民和市场作用培育新型职业农民[①]

通过调研考察，本书认为当前新型职业农民培育中存在一些影响新型职业农民培育工程的关键性问题，主要体现在三个方面：政府主导而非内生主导；增强农业生产的适应性而非就业能力；大多培育从业者而非现代农业接班人。在7省（区）21县（市）的实地调查中，我们发现很多培训班的学员年龄偏大、文化程度低，虽以农业为职业，但难以成为现代农业的先行者，部分人难以成为现代农业的主导力量。另外，在培训中，注重的是农业实用技术的传播和学习，忽视了对农业前景分析和农民从业意愿的培养，不注重坚定年轻培育者扎根农村

---

① 本部分内容作为阶段性研究成果，以《新型职业农民培育问题的思考与政策建议——基于粤、浙、鄂、川、陕、桂、黑七省区的问卷调查》为题发表于内参《要文摘报》2017年第15期，《湖北今日重要信息》2017（1122），上报中央；《三农中国（第30辑）》征用。

信念，一旦务农受挫折，就可能离农发展。

因此，为推动新型职业农民的科学培育，本书建议创新培育思路和模式，将当前政府主导型培育模式改为"内生主导、外生推动、政府引导、市场运作"的培育模式。在新的培育模式下，农民成为主导，由他们的实际需求做出合理的从事农业职业的选择，并且制定扎根农业的合理职业发展规划，自主选择自学或参加培训机构的学习。政府一方面在资金上支持新型职业农民培育工作，但由培训机构和新型职业农民的第三方认定机构以项目资金的方式通过竞争获取，而不是直接划拨，这时机构必须筹资参与；另一方面营造新型职业农民成长和发展的良好氛围，并出台具体的政策激励和扶持新型职业农民。农户对是否成为新型职业农民拥有完全的决策权，政府在新型职业农民培育中的功能定位由主导作用向引导作用转变，更多地通过完善政策支持措施来引导培育工作，具体工作由相应的培训机构和认定机构来完成，如图8-1所示。

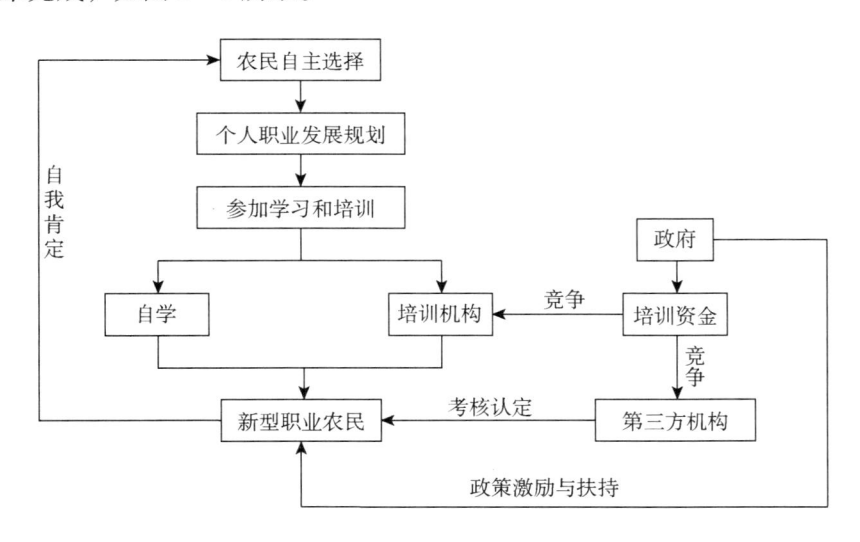

图8-1 内生主导型新型职业农民培育示意

这种"内生主导、外生推动、政府引导、市场运作"的培育模式将不断激发农民成长为新型职业农民的动力和市场活力，加大农业领域改革力度，进一步实现市场在资源配置中的决定性作用，推动农民创业创新，注重利用新技术新业态改造提升农业产业。具体的培育创新思路如下：

（1）培育主体。建议由各级农业行政主管部门通过遴选，选定一批有资质的培训机构和实训基地，并向社会公示。省、市、县三级农业行政主管部门通过招投标方式确定新型职业农民培训专项任务，充分优化资源配置，提高培育效率。逐步促使新型职业农民培育市场化、产业化，力争让更多的教育机构主动参与进来，探索与农民职业化转型效益挂钩的教育模式。

（2）培育对象。在自愿报名的原则下，优先遴选出四类农民：其一，年龄的年轻化，45岁以下者优先培育；其二，素质高水平化，文化程度以初中以上文化程度为主，受教育程度高特别是接受过农业专业教育的农业大中专毕业生优先培育；其三，技能学习主动化，经常自学农业技术和经营管理知识者优先培育；其四，新型农业经营主体带头人优先培育。

（3）培育内容。坚持就业能力导向，重点增强职业农民的经营能力、工作意愿、工作匹配度、决策力、政治背景、社交能力、职业忠诚度、工作满意度及求知欲。结合农民发展需求和产业发展需要，力争提供全方位的培训内容，切实提高新型职业农民的农业就业创业能力和农业生产效率。

（4）培育方式。以提升农业就业创业能力为导向，以提高农民经营管理水平、生产技能为重点，多形式、多渠道进行培育：①教育培训机构通过集中培训、考察学习、追踪服务逐步深入的方式进行培育；②新型农业经营主体、家庭农场、农民专业合作社、涉农企业通过示范实习培育；③高等、中等院校通过职业教育定向培养职业农民。

（5）培育时间。培育时间不受严格意义的限制，但应以农闲时间为主，组织学习和培训。甚至可以根据农民时间安排个性化的学习服务。

（6）培育地点。充分利用可利用的场所，不设限制，譬如培训教室、田间地头、农场主家中、农业合作社办事处、涉农企业均可成为培育地点。

（7）认定管理。由第三方机构负责认定并颁发新型职业农民证书，政府认可。

（8）支持政策。国家和地方政府分别出台相应的激励和扶持配套政策，以营造良好的新型职业农民培育大环境，促进新型职业农民队伍快速形成。

四 新型职业农民培育的五项机制与六大政策

从调查中发现，单一的教育培训机制难以满足培育新型职业农民的要求，须建立和健全多种培育机制。新型职业农民的帮扶政策、激励政策不足，农民参与新型职业农民培育的积极性不高。采用三阶段DEA模型对我国7个典型省份新型职业农民农业生产效率的实证分析表明，新型职业农民农业生产纯技术效率值、规模效率值均不高，从而导致其综合技术效率处于较低水平。调查发现，经济新常态下我国新型职业农民培育存在五大困境：短期培训代替培育，内生性培育不足；教育培训成为农民职业化的主要方式，但与农民需求有差距；农村制度创新不足，阻碍新型职业农民的成长和发展；创业创新技能缺乏，收益低影响积极性；政府角色定位出现偏差，政策激励效果不显著。

经济新常态下，培育新型职业农民应从现存的困境出发，构建协同推进的五位一体的培育机制体系。在培育新型职业农民时，我们必须充分发挥农民自身的积极性与主动性，构建起自主提升机制；进一步优化新型职业农民的教育培训机制，做到教育培训主体优化，教育培训内容优化，教育培训方式优化；健全新型职业农民创业培植机制，全力激发农民的创业创新热情；重点在农村金融制度、农村土地产权制度、农业技术传播制度上进行创新，促进新型职业农民快速、健康成长；完善各项农业政策，支持新型职业农民可持续发展。

应理顺新型职业农民培育的内部逻辑，按照"内生主导、外生推动、政府引导、市场运作"的培育模式，瞄准"能人种地、科学种地、种地增收"三大政策目标，加强顶层设计，确保国家粮食安全和农村可持续发展，出台系列新型职业农民培育支持政策，通过有机结合自下而上的需求和自上而下的政策引导，健康有序地推进我国新型职业农民培育工作。具体有六大政策建议：一是加强新型职业农民培育立法，建立和健全新型职业农民法律法规，重点制定《新型职业农民培育和管理法》；二是用统筹的战略思想指导新型职业农民工作，设立新型职业农民培育专项资金，通过政府购买方式，实现新型职业农民的市场化培育；三是在培育中坚持重点培育导向，具体要实现"三大重点"培育：重点培育有文化、年轻的新型农业经营主体，重点培育适度规模经营者，重点培育发展现代生态农业的农民；四是深化改革农业补贴机制，增强新型职业农民成长的积极性；五是完善新型职业农民扶持政策，助推新型职业农民队伍发展；六是营造新型职业农民培育良好氛围，推进新型职业农民培育工作。

第二节　研究展望

新型职业农民培育是一项重大的系统工程，其涉及面广，同时又是经济新常态下我国推进现代农业发展的一个新生事物，一个新颖的研究课题。本书研究了新型职业农民的培育机理、培育影响因素、培育机制等关键性问题，提出了系统的创新性培育思路，形成了一个较为完整的研究体系，其研究结论对经济新常态下我国新型职业农民培育具有一定的参考价值，但是尚存在一些不足之处，以下三个方面的问题有待今后进一步研究。

一 新型职业农民分类培育问题

由于我国当前新型职业农民以生产经营型为主体，近60%为生产经营型职业农民，社会服务型、专业技能型、新生代型和其他新型职业农民数量偏少。受样本量少不利于计量分析等因素的影响，本书没有分门别类探究各类新型职业农民培育之间的差异性。然而，各类新型职业农民的技能要求有所不同，来源也可能有差别，因此下一步需要进一步研究各类新型职业农民的培育问题，以完善现有研究。

二 创新新型职业农民培育思路的实施问题

新型职业农民培育是当前学术界较为新颖的研究课题之一，本书提出了创新性的培育思路，未来需要实践检验，并对培育成本、收益及培育效率等方面进行广泛研究，以更好地达到"理论指导实践—实践检验理论"的效果。

因此，本书一方面继续通过提交政策咨询报告的方式，引起省级以上政府领导的关注和认同，争取能够落到实处，开始实践实验；另一面通过成果发表引起更多学术界人士的关注，使更多学者共同研究新型职业农民培育问题，真正推动内生主导型新型职业农民培育思路的实现。

三 新型职业农民培育支持政策绩效评价问题

新型职业农民培育属于社会公共产品范畴,其必然需要政府出台系列的支持政策。这种制度性供给不仅是一种政策导向,而且事实上需要投入大量的资源。为科学合理配置培育资源、提高资源利用效率,需要对新型职业农民培育支持政策的执行效率、绩效评价进行专题研究。

参考文献

蔡昉：《中国户籍制度改革红利将带来1%—2%潜在增长率》，央广网，2015年10月19日。

陈池波、韩占兵：《农村空心化、农民荒与职业农民培育》，《中国地质大学学报》（社会科学版）2013年第1期。

陈娟、杜兴瑞：《我国农业科技进步水平与农民家庭经营性收入的实证研究》，《学习与实践》2014年第6期。

陈锡文：《中国农业政策展望》，http：//finace.sina.com.cn，2014年6月14日。

陈耀辉、陈万琳：《江苏省城镇居民满意度评价分析》，《数理统计与管理》2013年第5期。

陈昭玖、邓莹、申云：《农民工就业能力的影响因素分析》，《江西农业大学学报》（社会科学版）2012年第2期。

程名望、史清华、徐建华：《中国农村劳动力转移动因与障碍的一种解释》，《经济研究》2006年第4期。

储德平、卫龙宝、伍骏骞：《农民就业行为的动因及影响因素分析》，《福建论坛》（人文社会科学版）2014年第5期。

邓波等：《基于三阶段DEA模型的区域生态效率研究》，《中国软科学》2011年第1期。

范金、任会、袁小慧：《农民家庭经营性收入与科技水平的相关性研究：以南京市为例》，《中国软科学》2010年第1期。

冯飞、姬雄华：《新型职业农民培育研究综述》，《榆林学院学报》2016年第5期。

傅佳青、刘剑虹：《从职业的角度谈教育在美国农民职业生涯中的作用》，《河北农业大学学报》2015年第5期。

高建丽、张同全：《新生代农民工就业能力量化评价体系的构建》，《西北人口》2013年第2期。

郭智奇等：《培育新型职业农民问题的研究》，《中国职业技术教育》2012年第15期。

韩俊主编：《调查中国农村》，中国发展出版社2009年版。

胡凤霞：《农民工自雇佣就业选择研究》，《宁夏社会科学》2014年第2期。

胡小平、李伟：《农村人口老龄化背景下新型职业农民培育问题研究》，《四川师范大学学报》（社会科学版）2013年第3期。

黄祖辉、俞宁：《新型农业经营主体：现状约束与发展思路——以浙江省为例》，《中国农村经济》2010年第10期。

蒋和平等：《中国特色农业现代化建设机制与模式研究》，中国农业科技出版社2013年版。

蒋平、吴建坤：《英国职业农民培育的经验与启示》，《江苏农村经济》2014年第5期。

焦守田：《培养现代农民》，中国农业出版社2004年版。

金胜男、宋钊、常丽博：《生产经营型新型职业农民培育的意愿及影响因素研究——以黑龙江农场农户数据为例》，《现代农业科技》2015年第6期。

康静萍、汪阳：《中国新型职业农民短缺及其原因分析——基于安徽省寿县的调查》，《当代经济研究》2015年第4期。

赖作莲：《韩国农民教育特征及启示》，《安徽农学通报》2012 年第 11 期。

李冰：《从提高家庭经营性收入的角度来思考扩大农民消费》，《消费经济》2010 年第 1 期。

李国祥、杨正周：《美国培养新型职业农民政策及启示》，《农业经济问题》2013 年第 5 期。

李红、王静：《日本农民职业教育：现状、特点及启示》，《中国农业教育》2012 年第 2 期。

李桦等：《集体林分权条件下不同经营类型商品林生产要素投入及其效率——基于三阶段 DEA 模型及其福建、江西农民调研数据》，《林业科学》2014 年第 12 期。

李金龙、修长柏：《美国 4H 教育对中国新型职业农民培养的启示》，《世界农业》2016 年第 12 期。

李巧莎、吴宇：《日本增加农民收入的途径与启示》，《日本问题研究》2010 年第 24 期。

李文忠、常光辉：《新型职业农民就业能力培养体系的建立研究》，《甘肃农业》2013 年第 22 期。

李逸波、张亮、赵邦宏等：《中日比较视角下的日本职业农民培育体系研究与借鉴》，《世界农业》2016 年第 5 期。

李玉梅、云帆、韩长赋：《适应新常态 推进农业农村经济健康发展》，《学习时报》2015 年 1 月 7 日。

刘德娟、周琼、曾玉荣：《日本农业经营主体培育的政策调整及其启示》，《农业经济问题》2015 年第 9 期。

刘子飞、王昌海：《有机农业生产效率三阶段 DEA 分析——以陕西洋县为例》，《中国人口·资源与环境》2015 年第 7 期。

卢卡斯：《论经济发展的机制》，《货币经济》1989 年第 4 期。

罗登跃：《三阶段 DEA 模型管理无效率估计注记》，《统计研究》2012

年第4期。

罗恩立：《我国农民工就业能力及其城市化效应研究》，博士学位论文，复旦大学，2012年。

马晓河：《高成本时代农业的路该怎么走》，《求是》2014年第11期。

米松华、黄祖辉：《新型职业农民：现状特征、成长路径与政策需求——基于浙江、湖南、四川和安徽的调查》，《农村经济》2014年第8期。

任会、范金：《农民家庭经营性收入影响因素比较分析——以南京市为例》，《云南农业大学学报》2010年第6期。

任鹏、李建明、苟颖萍：《发达国家农民培育经验及其对我国的启示》，《创新》2013年第1期。

芮田生、阎洪：《我国农民收入影响因素分析》，《湖南社会科学》2012年第2期。

史清华、徐翠萍：《农户家庭成员职业选择及影响因素分析——来自长三角15村的调查》，《管理世界》2007年第7期。

童洁、李宏伟、屈锡华：《我国新型职业农民培育的方向与支持体系构建》，《财经问题研究》2015年第4期。

童洁等：《我国新型职业农民培育的方向与支持体系构建》，《财经问题研究》2015年第4期。

万蕾、刘小舟：《培育新型职业农民：美国经验及对中国的思考》，《农学学报》2014年第6期。

王佳、余世勇：《农户参加新型职业农民培训意愿的影响因素分析——基于重庆市683份农户问卷调查的实证研究》，《西南农业大学学报》2014年第1期。

王守聪、赵帮宏、张亮等：《职业农民是如何成长的》，中国农业出版社2014年版。

王秀华:《新型职业农民教育管理探索》,《管理世界》2012年第4期。

王昭、张红:《关于新型职业农民的培育研究》,《中国农机化学报》2014年第2期。

魏众:《健康对非农就业及其工资决定的影响》,《经济研究》2004年第2期。

西奥多·W. 舒尔茨:《改造传统农业》,梁小民译,商务印书馆1987年版。

夏益国、宫春生:《粮食安全视阈下农业适度规模经营与新型职业农民——耦合机制、国际经验与启示》,《农业经济问题》2015年第5期。

谢秋山、赵明:《家庭劳动力配置、承包耕地数量与中国农民的土地处置——基于CGSS2010的实证分析》,《软科学》2013年第6期。

徐辉:《新常态下新型职业农民培育机理:一个理论分析框架》,《农业经济问题》2016年第8期。

徐辉:《新常态下新型职业农民培育机制的构建——基于7省21乡(镇)63个村的调查》,《现代经济探讨》2016年第11期。

薛福根、石智雷:《个人素质、家庭禀赋与农村劳动力就业选择的实证研究》,《统计与决策》2013年第8期。

杨慧芬:《培育新型职业农民:日韩经验及对我国的思考》,《高等农业教育》2012年第4期。

杨继瑞等:《回归农民职业属性的探析与思考》,《中国农村经济》2013年第1期。

杨军:《农产品产业内贸易对农民经营性收入的影响》,《广东农业科学》2011年第5期。

姚先国、俞玲:《农民工职业分层与人力资本约束》,《浙江大学学报》

（人文社会科学版）2006 年第 5 期。

余欣荣：《中国人饭碗要端在自己手上，主要装中国粮》，http：//news.cctv.cn，2015 年 3 月 6 日。

俞福丽、蒋乃华：《健康状况、生活质量与农民就业行为的关联度》，《改革》2014 年第 12 期。

曾福生、夏玉莲：《农地流转与新型农民培育研究——基于多项式分布滞后模型的实证分析》，《农业技术经济》2014 年第 6 期。

曾一春：《完善制度设计，强化实践探索——关于培育新型职业农民的几点认识》，《农民日报》2012 年 6 月 13 日。

张红：《农业现代化进程中新型职业农民的培育研究——基于关中杨村的调查》，《西北人口》2013 年第 2 期。

张红宇：《紧紧抓住农业供给侧改革的引领力量》，《农村经营管理》2016 年第 4 期。

张红宇：《新常态下如何持续促进农民增收》，《农民日报》2015 年 4 月 10 日。

张蕙杰等：《我国新型职业农民总量与结构的需求估算研究》，《华中农业大学学报》（社会科学版）2015 年第 4 期。

张璐晶、张燕、宋雪莲：《著名经济学家、北京大学教授厉以宁：破解经济下滑要靠创新》，《中国经济周刊》2016 年第 24 期。

张明媚：《新型职业农民内涵、特征及其意义》，《农业经济》2016 年第 10 期。

张桃林：《让更多高素质农民成为职业农民》，《农民日报》2012 年 3 月 22 日。

张桃林：《走中国特色的新型职业农民培育道路》，《农村工作通讯》2012 年第 7 期。

张雅光：《法国农民培训与证书制度》，《中国职业技术教育》2008 年第 3 期。

张志军、鲁黛迪:《农业科技进步水平与农民家庭经营性收入关系的实证》,《统计与决策》2013 年第 8 期。

赵邦宏:《加拿大农民培训模式分析与经验借鉴》,《河北经贸大学学报》2012 年第 3 期。

赵邦宏等:《金砖国家职业农民培育的经验》,《世界农业》2015 年第 1 期。

赵海:《六大举措推进农业供给侧结构性改革》,《农民日报》2016 年 2 月 27 日。

赵海:《人力资本与农村劳动力非农就业研究》,博士学位论文,华中科技大学,2009 年。

赵强社:《职业农民培育路径探微》,《理论导刊》2009 年第 3 期。

赵耀辉:《中国农村劳动力流动及教育在其中的作用——以四川省为基础的研究》,《经济研究》1997 年第 2 期。

郑风田:《新型职业农民该有啥?》,http://blog.sina.com.cn/zft2000,2014 年 12 月 1 日。

钟甫宁、何军:《增加农民收入的关键》,《农业经济问题》2007 年第 1 期。

周其仁:《机会与能力——中国农村劳动力的就业和流动》,《管理世界》1997 年第 5 期。

朱奇彪、米松华、杨良山:《新型职业农民及其产业发展影响因素分析——以浙江省为例》,《科技通报》2013 年第 11 期。

朱奇彪等:《新型职业农民参与技能培训的意愿及影响因素研究——基于规模种植业农户的实证分析》,《浙江农业学报》2014 年第 5 期。

朱启臻:《农村社会学》,中国农业出版社 2007 年版。

朱启臻:《新型职业农民与家庭农场》,《中国农业大学学报》(社会科学版) 2013 年第 2 期。

朱启臻、胡方萌:《新型职业农民生成环境几个问题》,《中国农村经济》2016 年第 10 期。

庄西真:《从农民到新型职业农民》,《职教论坛》2015 年第 10 期。

Adam Smith, *The Wealth of Nations*, New York, 1937.

Aguirre, et al., Farmer Strategies to Face Labor Shortages in Chilean Agriculture Ciencia Rural, *Santa Maria*, 2013, 43 (8): 1529 – 1534.

Ahmed T., Reddy B. V. C., Khan T. A., et al., Economics and Employment Generating Potential of Gherkin Cultivation in Karnataka, *Economic Affairs*, 2015, 60 (2): 277.

Bojnec, Štefan, Fertö, Imre, income Sources, Farm Size and Farm Technical Efficiency in Slovenia, *Post-Communist Economics*, 2013, 25 (3): 343 – 356.

Brian C. Briggeman, Allan W. Gray, et al., A New U. S. Farm Household Typology: Implications for Agricultural Policy, *Review of Agricultural Economics*, 2007, 29 (4): 765 – 782.

Briggeman, Brian C., The Importance of Off-farm Income to Servicing Farm Debt, *Economic Review*, 2011, 96 (1): 63 – 82.

Brown, P., Lauder, H., *Capitalism and Social Progress: The Future of Society in a Global Economy*, Basingstoke: Palgrave, 2001.

Carmeda L. Stokes, *A Case Study Understanding Employability through the Lens of Human Resource Executives*, The University of South Florida, 2013.

Carter, S., Multiple Business Ownership in the Farm Sector: Differentiating Monoactive, Diversified and Portfolio Enterprises, *International Journal of Entrepreneurial Behaviour & Research*, 2011, 7: 43 – 59.

Diekmann, Batte & Yen, Judging Farmers' Willingness to Trade Distance and Taxes for Extension Services, *Applied Economic Perspectives and Policy*, 2012, 34 (3): 454 – 471.

E. Dillon, T., Hennessy, It's Not All About the Money: Understanding Farmers' Labor Allocation Choices, *Agric Hum Values*, 2014, 31: 261 – 271.

Ellison, Brenna D. Lusk, Jayson L. Briggeman, Brian C., Taxpayer Beliefs, about Farm Income and Preferences for Farm Policy, *Applied Economic Perspectives & Policy*, 2010, 32 (2): 338 – 354.

Ethiopia, Wuletaw, Mekuria, Effectiveness of Modular Training at Farmers' Training Center: Evidence from Fogera District, South Gondar Zone, Ethiopia, *American Journal of Rural Development*, 2014, 2: 46 – 52.

Forrier & Sels L., The Concept Employability: A Complex Mosaic, *International Journal of Human Resources Development and Management*, 2003, 3 (2): 102 – 124.

Freedgood & Dempsey, Cultivating the Next Generation: Resources and Policies to Help Beginning Farmers Succeed in Agriculture, *American Farmland Trust*, 2014.

Fried H. O., Lovell C. A. K., Schmidt S. S., et al., Accounting for environmental effects and statistical noise in data envelopment analysis, *Journal of Productivity Analysis*, 2002, 17 (1): 157 – 174.

Fugate M., Kinicki A. J., Ashforth B. E., Employability: A Psycho-social Construct, Its Dimensions, and Applications, *Journal of Vocational Behavior*, 2004, 65 (1): 14 – 38.

Garavan, T., Morley, M., Gunnigle, P., & McQuire, D., Human Resource Development and Workplace Learning: Emerging Theoretical Perspectives and Organizational Practices, *Journal of European Industrial Training*, 2002, 26: 6 – 71.

Groot Wmassen Van Den Brink H., Overeducation in the Labor Market: A Meta – analysis, *Economics of Education Review*, 2000, 19 (2): 149 – 158.

Hashemi Seyyed Mahmoud, Hosseini Seyed Mahmood, Hashemi Mohammad Kazem, Farmers' Perceptions of Safe Use of Pesticides: Determinants and Training Needs, *International Archives of Occupational and Environmental Health*, 2012, 85: 57 – 66.

Hillage J., Pollard, E. *Employability, Developing a Framework for Policy Analysis*, London: Department for Education and Employment, 1998.

Jondrow J., Lovell C. A. K., Materov I. S., et al., On the Estimation of Technical Inefficiency in the Stochastic Frontier Production Function Model, *Journal of Econometrics*, 1982, 19 (2 – 3): 233 – 238.

Junichi Ito, The Removal of Institutional Impediments to Migration and Its Impact on Employment, Production and Income Distribution in China, *Econ Change Restruct*, 2008, 41: 239 – 265.

Jurksaitiene N., Markeviciene L., Misiunas D., The Research on Environment Protection Knowledge and Competencies in Non-Formal Education//Environment. Technology. Resources, Proceedings of the International Scientific and Practical Conference, 2015, 1: 235 – 239.

Kaiser Henry F., The Application of Electronic Computers to Factor Analysis, *Educational & Psychological Measurement*, 1960, 20 (1): 141 – 151.

Kehar Singh & Madan Mohan Dey., Sources of Family Income and Their Effects on Family Income Inequality: A Study of Fish Farmers in Tripura, India. Food Sec, 2010, 2: 359 – 365.

Knight, John & Song, L., *The Rural-urban Divide, Economic Disparities and Interactions in China*, Oxford University Press, 1999.

Kuo-Liang Chang, et al., Health, Health Insurance, and Decision to Exit from Farming, *J Fam Econ Iss*, 2011, 32: 356 – 372.

Minh Ngo & Michael Brklacich, New Farmers' Efforts to Create a Sense of Place in Rural Communities: Insights From Southern Ontario, Canada,

Agric Hum Values, 2014, 31: 53 – 67.

Mirza F. M., Najam N., Mehdi M., et al., Determinants of Technical Efficiency of Wheat Farms in Pakistan, *Pak. J. Agri. Sci*, 2015, 52 (2): 565 – 570.

Niewolny & Lillard, Expanding the Boundaries of Beginning Farmer Training and Program Development: A Review of Contemporary Initiatives to Cultivate a New Generation of American Farmers, *Journal of Agriculture, Food Systems, and Community Development*, 2010, 1 (1): 65 – 88.

Noor & Dola, Investigating Training Impact on Farmers' Perception and Performance, *International Journal of Humanities and Social Science*, 2011, 1 (6): 145 – 152.

Rao, C. A. Rama, Samuel, Josily, et al., Role of Technology and Credit in Improving Farm Incomes in Rain Fed Regions in Andhra Pradesh, *Agricultural Economics Research Review*, 2014, 27 (2): 187 – 198.

Romaniuk, K., & Snart, F., Enhancing Employability: The Role of Prior Learning Assessment and Portfolios, *Journal of Workplace Learning*, 2000, 12 (1): 29 – 34.

Sébastien, Pouliot, The Beginning Farmers' problem in Canada, *Working Paper*, 2011 (9): 1 – 15.

Vasilaky, Female Social Networks and Farmer Training: Can Randomized Information Exchange Improve Outcomes?, *Amer J. Agr. Econ.*, 2013, 95 (2): 376 – 383.

Wallace I., Mantzou K., Taylor P., Policy options for agricultural education and training in Sub-Saharan Africa. Report of a preliminary study and literature review, *Working Paper-Agricultural Extension and Rural Development Department* (AERDD), University of Reading (United

Kingdom), 1996.

홍은파, Impacts of Agricultural Extension Service for Women Farmers on Agricultural Productivity, *Journal of Agricultural Education and Human Resource Development*, 2010 (42): 49-79.

附　　录

附录1　新型职业农民培育调查问卷

问卷编号：□□□□

调查员姓名：_____　调查时间：_____

调查地点：_____省_____县（市）_____乡（镇）_____村

您好！本问卷为长江大学经济学院徐辉教授主持的国家社科基金项目"新常态下新型职业农民培育机制与政策研究"设计，该调查纯属学者的学术研究行为，其目的是为党和政府制定相关政策提供依据。本次调查采用匿名方式进行，我们希望您能参与调查，并如实填写问卷。

感谢您的支持与合作！祝您工作顺利！家庭幸福！

A　基本情况

A01 性别：1. 男　2. 女

A02 年龄：_____周岁。

A03 婚姻状况：1. 未婚；2. 在婚；3. 离异；4. 丧偶

A04 受教育程度

1. 小学及以下；2. 初中；3. 高中；4. 中专；5. 大专及以上

A05 家庭成员共_____人，其中男性劳动力_____人，女性劳动力_____人

A06 您购买医疗保险了吗？1. 是；2. 否

A07 您目前身体状况怎样？1. 很健康；2. 健康；3. 不太健康

A08 您现在已被认定为新型职业农民了吗？1. 是；2. 否

A081 如果您现在已被认定为新型职业农民，请问是哪种类型：

1. 生产经营型；2. 专业技能型；3. 社会服务型；

4. 新生代型；5. 其他

A082 如果您现在还没被认定为新型职业农民，请问您希望被认定吗？1. 是；2. 否

A09 您是村干部吗？1. 是；2. 否

A10 您是中共党员吗？1. 是；2. 否

B 就业情况

B01 您现在的身份或职业是（可多选）：

1. 种植大户；2. 养殖专业户；3. 家庭农场主；

4. 专业合作社带头人；5. 涉农公司管理人员；

6. 返乡创业的大学生、军人或本地农民；

7. 农村信息员、经纪人、农耕手或防疫员；8. 其他

B02 您一直从事农业相关工作吗？1. 是；2. 否

B03 您从事农业相关工作的年限为_____年

B04 您对现在的工作满意吗？1. 满意；2. 基本满意；3. 不满意

B05 您认为要在农业领域从业取得成功的最主要的一个条件是：

1. 受教育水平高；2. 参加职业培训多；3. 合理的个人发展规划；

4. 政府支持；5. 地理区位优势；6. 其他

B06 您认为影响您在农业领域进一步发展的最主要的一个方面是：

1. 受教育水平低；2. 培训不足；3. 没有个人发展规划；

4. 政府支持力度不够；5. 缺少资金、技术；6. 其他

B07 假如有机会获得更高的收入,您会放弃农业领域的工作吗?

1. 会;2. 可能会;3. 不会

C 收入与农业生产效率情况(上一年度)

C01 您个人年纯收入为_____万元

C02 您目前经营的土地(包括耕地、养殖、山林等)面积共_____亩,其中您自己家庭承包土地有_____亩;年平均亩产出约为_____元[或每百头(只)产出约为_____元]

C03 您使用的生产经营方法为:

1. 自己摸索经验;2. 模仿种、养能手;3. 专业指导;4. 其他

C04 您家(或涉农企业)共拥有农业机械_____台,总价值约为_____万元

C05 您的家庭年总收入(纯收入)约为_____万元,人均纯收入约为_____万元,其中农业人均纯收入(只计算从事农业的劳动力)约为_____万元

D 就业能力

D01 您了解什么是新型职业农民吗?

1. 非常了解;2. 了解一些;3. 不了解

D02 你们村(社区)大概有多少新型职业农民?_____人

D03 您喜欢现在的工作吗?1. 喜欢;2. 一般;3. 不喜欢

D04 您认为现在的工作轻松自由吗?1. 是;2. 一般;3. 不是

D05 您认为现在的工作稳定吗?1. 是;2. 一般;3. 不是

D06 您认为现在的工作社会地位高吗?1. 是;2. 一般;3. 不是

D07 您认为现在的工作收入相对高吗?1. 是;2. 一般;3. 不是

D08 您认为现在的工作能施展个人的才华吗?

1. 是;2. 一般;3. 不是

D09 您认为自己的技术水平能满足现在的工作要求吗?

1. 能;2. 一般;3. 不能

D10 您认为自己的管理能力能满足现在的工作要求吗?

1. 能；2. 一般；3. 不能

D11 您认为自己的创新意识能满足现在的工作要求吗?

1. 能；2. 一般；3. 不能

D12 您认为自己的受教育水平能满足现在的工作要求吗?

1. 能；2. 一般；3. 不能

D13 您认为自己能有效获取市场信息吗?

1. 能；2. 一般；3. 不能

D14 您认为自己能有效开拓市场销售农产品吗?

1. 能；2. 一般；3. 不能

D15 您认为自己能较好地进行决策（做决定）吗?

1. 能；2. 一般；3. 不能

D16 您认为自己能有效控制市场风险吗?

1. 能；2. 一般；3. 不能

D17 您经常思考自己的工作该如何开展吗?

1. 是；2. 偶尔；3. 不是

D18 您经常思考自己工作的未来吗? 1. 是；2. 偶尔；3. 不是

D19 您认为自己的社会关系能满足现在的工作吗?

1. 能；2. 一般；3. 不能

D20 您认为自己的身体状况能满足现在的工作吗?

1. 能；2. 一般；3. 不能

D21 您现在的收入能满足养老负担吗? 1. 能；2. 一般；3. 不能

D22 您现在的收入能满足子女教育吗? 1. 能；2. 一般；3. 不能

D23 遇到经营纠纷时，您能用法律去解决吗?

1. 能；2. 可以试试；3. 不能

D24 您对现在的农业扶持政策了解吗?

1. 了解；2. 一般；3. 不了解

D25 您希望提高自己的职业技能以更好工作吗?

1. 同意;2. 不同意;3. 不好说

D26 您希望投入时间以提高自己的职业技能吗?

1. 同意;2. 不同意;3. 不好说

D27 您愿意参加职业培训以提高自己的职业技能吗?

1. 同意;2. 不同意;3. 不好说

D28 您提高自己的职业技能的主要途径(可多选):

1. 参加培训;2. 自学;3. 同行传授;

4. 亲朋传授;5. 其他

E 影响因素

E01 您认为在农村工作和生活好吗?

1. 好;2. 一般;3. 不好

E02 您愿意参加新型职业农民培训吗?

1. 愿意;2. 无所谓;3. 不愿意

E03 您认为新型职业农民培训的作用大吗?

1. 大;2. 一般;3. 没什么作用

E04 您参加新型职业农民培训的困难有(可多选):

1. 没有时间参加;2. 文化水平有限,难以掌握;

3. 培训内容不实用;4. 培训效果不显著;

5. 培训方式不合理;6. 交不起培训费

E05 您最喜欢的新型职业农民培训方式是(请按喜爱程度从高到低选三项)＿＿＿＿＿＿。

1. 专家授课;2. 参观;3. 师生研讨;4. 农民田间学校;

5. 专家跟踪指导;6. 通过广播电视学习

E06 您去年参加农民培训情况:＿＿＿＿次,总时间(时长)＿＿＿＿天。

E07 您认为新型职业农民最需要培训哪些方面的技术或技能?(请

按重要性从高到低选三项）＿＿＿＿＿＿＿。

1. 种养殖技术；2. 农业机械使用技术；

3. 农产品加工工艺与技术；4. 电子、信息和网络方面的技术技能；

5. 农业资源保护和资源循环利用技术；6. 农产品销售技能；

7. 管理技能

E08 您参加农民培训的主要目的是（请按重要性从高到低选三项）＿＿＿＿＿＿＿。

1. 提高技能；2. 获得政策扶持；3. 获得补贴；4. 提高素质；

5. 受到尊重；6. 结交朋友

E09 您使用农业机械的情况是：

1. 经常使用；2. 偶尔使用；3. 从不使用

E10 您采用农业新品种的情况是：

1. 经常采用；2. 偶尔采用；3. 从不采用

E11 您采用农业新技术的情况是：

1. 经常采用；2. 偶尔采用；3. 从不采用

E12 您家的经济收入状况在当地属于：

1. 富裕户；2. 一般；3. 不富裕

E13 您父亲在家（或曾经）从事农业吗？1. 是；2. 不是

E14 您母亲在家（或曾经）从事农业吗？1. 是；2. 不是

E15 您接受过农业职业教育吗？1. 接受过；2. 没有

E16 您参加或领办了农民专业合作社吗？

1. 是；2. 不是；3. 中途退出

E17 您关注当地农业产业转型情况吗？

1. 关注；2. 不关注；3. 无所谓

E18 您得到过农业专家或教授的上门跟踪指导服务吗？

1. 有；2. 没有

E19 您认为您从事农业工作获得的收入比以前高吗？

1. 是；2. 差不多；3. 不是

E20 您认为您现在的农业效率是不是比一般农户要高？

1. 是；2. 差不多；3. 不是

E21 您经常自学农业技术或管理方面的知识吗？

1. 是；2. 偶尔；3. 不是

E22 您经常与其他农民交流农业技术或管理方面的知识吗？

1. 是；2. 偶尔；3. 不是

E23 您对国家和当地政府支持农业发展政策熟悉吗？

1. 非常了解；2. 了解一部分；3. 不了解

E24 您了解哪些惠农政策？（多选题）

1. 良种补贴政策；2. 农机补贴政策；3. 粮食直补政策；

4. 农业综合补贴政策；5. 新型农业经营主体贷款优惠政策；

6. 土地流转政策；7. 一项都不知道

E25 您认为政府的惠农政策有利于提高您工作的信心吗？

1. 是；2. 不是

E26 您认为政府的惠农政策有利于提高您的收入吗？1. 是；2. 不是

E27 您最希望政府做好的事情是什么？（请按重要性从高到低选三项）_____。

1. 改善农村基础设施；2. 加大农业补贴力度；

3. 增加免费的新型职业农民培训；4. 搞好农业信息服务；

5. 提供更好的农产品销售渠道；6. 提高农产品价格；

7. 其他（请写出您的想法）_____

F 培育机理

F01 您愿意一辈子从事农业吗？

1. 愿意；2. 不一定；3. 不愿意

F02 您现在从事农业的收入能满足您的各项开支需要吗？

1. 能；2. 基本可以；3. 不能

F03 您从事农业的主要原因是：

1. 获得更高收入；2. 喜欢农村和农业；3. 照顾家庭；4. 其他

F04 您认为曾经受过的教育能满足现在生产的需要吗？

1. 能；2. 基本可以；3. 不能

F05 您认真思考过将来如何发展农业事业吗？

1. 思考过；2. 偶尔想过；3. 没想过

F06 您认为现在新型职业农民培训对您发展生产的作用大吗？

1. 大；2. 一般；3. 没什么作用

F07 您认为政府的创业支持政策对您发展农业生产作用大吗？

1. 大；2. 一般；3. 没什么作用

F08 您认为政府加大资金扶持力度对您发展农业生产的作用大吗？

1. 大；2. 一般；3. 没什么作用

F09 您认为政府提高农业信息服务对您发展农业生产的作用大吗？

1. 大；2. 一般；3. 没什么作用

再次感谢您的支持，祝您工作顺利！万事如意！

附录2　新型职业农民培育座谈会调查提纲

一、乡（镇）的基本情况

1. 总人口数＿＿＿＿＿＿＿万人；农业人口＿＿＿＿＿＿＿万人；在家务农人员约＿＿＿＿＿＿＿万人。

2. 全乡（镇）年人均纯收入＿＿＿＿＿＿＿元；农业年人均纯收入＿＿＿＿＿＿＿元。

3. 全乡（镇）农业用地＿＿＿＿＿＿＿亩；人均农业承包地＿＿＿＿＿＿＿

亩；农业用地流转比例约为_____%。

4. 全镇（乡）新型职业农民约有_____人；新型农业经营主体占务农人员比例约为_____%。

二、新型职业农民培育目前有哪些做法？成效如何？有哪些好的建议？

三、新型职业农民在发展中存在哪些具体的困难？

四、新型职业农民的就业发展能力与市场需求有差距吗？表现有哪些？

五、新型职业农民有哪些迫切的支持政策需求？

附录3　新型职业农民就业能力专家问卷

表1　　　　　　　　　　　　判断矩阵 G

新型职业农民就业能力	职业认同	职业适应性	人力资本	社会资本	职业专长	职业发展
职业认同	1					
职业适应性		1				
人力资本			1			
社会资本				1		
职业专长					1	
职业发展						1

表2　　　　　　　　　　　1—9 比例标度法

重要程度	定义	词语描述
1	同等重要	两个元素作用相同
3	稍强	一个元素比另一个元素作用稍强
5	强	一个元素明显强于另一个元素
7	很强	一个元素强于另一个元素的幅度很大
9	绝对强	一个元素强于另一个元素可控制的最大幅度
2、4、6、8		以上那些标度的中间值

这个表是作比较的准则，如第 i 行 j 列是在这个准则下，第 i 行元素对比 j 列元素的重要程度，即左侧的元素比顶行的元素重要多少。比如 i 行比 j 列稍强，则第 i 行 j 列为3，那么 j 行 i 列为1/3

表 3　　　　　　　　　　　判断矩阵 C1

职业认同	喜欢农业工作	工作轻松	工作稳定	工作社会地位高	工作收入相对高	工作能施展个人的才华	愿意一辈子从事农业
喜欢农业工作	1						
工作轻松		1					
工作稳定			1				
工作社会地位高				1			
工作收入相对高					1		
工作能施展个人的才华						1	
愿意一辈子从事农业							1

表 4　　　　　　　　　　　判断矩阵 C2

职业适应性	一直从事农业相关工作	从事农业相关工作的年限	身体状况能满足现在的工作要求	技术水平能满足现在的工作要求	管理能力能满足现在的工作要求	创新意识能满足现在的工作要求	受教育水平能满足现在的工作要求
一直从事农业相关工作	1						
从事农业相关工作的年限		1					
身体状况能满足现在的工作要求			1				
技术水平能满足现在的工作要求				1			
管理能力能满足现在的工作要求					1		
创新意识能满足现在的工作要求						1	
受教育水平能满足现在的工作要求							1

表 5　　　　　　　　　　　判断矩阵 C3

人力资本	受教育程度	身体状况	接受农业职业教育情况	参加农业培训次数
受教育程度	1			
身体状况		1		
接受农业职业教育情况			1	
参加农业培训次数				1

表 6　　　　　　　　　　　判断矩阵 C4

社会资本	村干部	中共党员	社会关系能满足现在的工作
村干部	1		
中共党员		1	
社会关系能满足现在的工作			1

表 7　　　　　　　　　　　判断矩阵 C5

职业专长	有效获取市场信息	有效开拓市场，销售农产品	较好地进行决策	有效控制市场风险	了解农业扶持政策
有效获取市场信息	1				
有效开拓市场，销售农产品		1			
较好地进行决策			1		
有效控制市场风险				1	
了解农业扶持政策					1

表 8　　　　　　　　　　　判断矩阵 C6

职业发展	经常思考工作如何展开	经常思考自己工作的未来	希望提高职业技能以更好工作	愿意投入时间以提高职业技能	愿意参加职业培训以提高职业技能
经常思考工作如何展开	1				

续表

职业发展	经常思考工作如何展开	经常思考自己工作的未来	希望提高职业技能以更好工作	愿意投入时间以提高职业技能	愿意参加职业培训以提高职业技能
经常思考自己工作的未来		1			
希望提高职业技能以更好工作			1		
愿意投入时间以提高职业技能				1	
愿意参加职业培训以提高职业技能					1

附录4 专栏一：新型农民成长的故事

（一）帮农助农，敢于创新[①]
——枝江市现代农业发展的引领人

图1 李开梅在田中劳作

---

① 执笔人：枝江市农广校校长淡育红。

图 2　李开梅获得 2018 年湖北省劳动模范称号

李开梅，女，1975 年出生，枝江市仙女镇张家湾村人，新型职业农民，新型经营主体带头人——枝江市信达农民专业合作社理事长，农民田间学校校长。她致力于帮助农民实现轻简化种植，科学化管理，解决农户从种植到销售过程中的一系列问题，带领农民提质增产增收。通过土地流转创建了近 5000 亩绿色水稻种植示范基地，通过为农户提供免费技术培训、优质的农资、先进的栽培模式、贴心的田间跟踪指导等服务，带领农民在创新增收致富的道路上越走越宽。

想农所想，供农所需，助农增收

李开梅，一个土生土长的农家孩子，自幼就对土地怀有深厚的感情，2010 年带领一班和她一样热爱农业的伙伴注册成立了枝江市信达农民专业合作社，合作社以帮助农户实现轻松种地、稳定增产为己任，主要从事农作物种植、农作物病虫害防护、农业技术推广、农机作业及农业机械维修、农产品加工、粮食烘干及销售、为成员提供相关生产资料的购买、开展与农业相关的信息及技术咨询服务。2014 年参加新型职业农民培育,成为一名新型职业农民,2016年成立了省级农民田间学校——枝江市信达农业合作社农民田间学校,专门为农民服务的学校,特聘请12位优秀农业技术专家为学校的老师,有实习实训基地8个,其中有3000亩绿色水稻标准化示范基地1个,通过基地的示范作用带动基地周边农户的种粮积极性。同时,为了使农户的收入更有保障,她率先采用"公司+合作社+农户"及订单模式,减少农户在生产中遇到的影响收入的因素,并通过"五统一管理"(即统一种子、统一农资、统一技术规程、统一收购、统一销售)帮助农户降低种植风险、提高水稻产量、增加农户收入。为了提高农户的种植技术,她还定期组织农户在田间学校进行专业技术培训,在示范基地亲手操作,为农户讲解水稻高产栽培及病虫害防治知识,并在农事时节到来之前安排专人向农户发送短信,指导农户科学种植、合理用药。到目前为止共举办培训50余场次,培训社员和技术骨干1000余人次,参加培训农户累计达12000余人,其中2016年还承担国家新型职业农民培育项目,培育新型职业农民50人,辐射带动了3000余户农民学科学用科学,且通过订单模式帮助农户每亩平均增产5%,亩均节约成本200元以上。

敢于创新,勇于承担,带农致富

随着国家及各级政府"一村一品"工作的深入开展,李开梅意识到想要更好地带农致富,必须依靠现有资源优势,大力发展农业产业化,实现从种植到销售的完整农业产业链。于是2014年她承租了仙女镇金山粮站,并筹措资金450万元在粮站内安装了低温循环干燥系统烘干设备,成为枝江市首家采用此先进设备的单位,该设备不仅能保证稻谷的外观色泽不受影响,还充分保证了大米的品质。她在粮站内建设了大米加工车间,打造了集烘干、加工、仓储为一体的粮站,创建了自主品牌"四季安"大米,旨在向农户提供从种植到销售的全程保姆式服务,并向他们提供临时就业岗位,让他们在农闲之余还能有一份收入，让他们真正省心、放心地实现丰收富裕。

诚信立社，良心经营，一心为农

2014年是合作社资金最为紧缺的一年，因建设粮站投入了大量资金，眼看到了稻谷收购时期，稻谷收购资金却还有较大缺口。为了兑现对农户所作出的"保证回收"的承诺，她到处筹集资金，甚至将仓库里储存的优质稻谷平价出售，保证了充足的粮食收购资金，顺利完成粮食回收工作。很多股东都对她的做法不理解，认为优质稻谷加工成大米后出售，价格会更高，但她却说：农户信任我们，我们就不能失信于农户，只有这样，合作社才能长久地发展。

合作社有了良好的发展，很多农资厂商都主动过来谈合作，虽然他们一再保证自己的产品质量过硬，但李开梅始终坚持在不确定农资质量和农资效果前绝不向外出售。所有的农资在采购和销售前都必须由技术员经过大量的试验才能进行推广，她说只有这样才能不让农户受到损失。

近年来合作社多次荣获"省级示范社""消费者满意单位""湖北省统防统治二十强组织"等光荣称号，合作社产品"四季安"大米获得了"第十五届中国绿色食品博览会"金奖及"宜昌市知名商标"荣誉，李开梅先后荣获枝江市"巾帼建功"能手、宜昌市"巾帼创业"模范、农业部"全国种粮大户"、湖北省劳动模范等光荣称号。

（二）青春，在故乡的山峦间闪光[①]

——记枝江市新型职业农民、返乡创业女大学生兰雅莉

她，本是一名令人羡慕的天之骄子，在读大学期间就已创办了一所"育苗接辅中心"，却在如花的岁月选择放弃大都市优越的工作和

---

① 执笔人：枝江市农广校校长淡育红。

生活环境，回到了生她养她的地方——枝江市安福寺镇廖家林村创业。她就是共青团员、返乡创业女大学生、宜昌市 2016 年新型职业农民创业标兵、枝江市第六届人大代表兰雅莉。当大多数亲朋好友都为她感到惋惜的时候，她却高兴地说，我舍不得这片生我养我的土地，我不忍心看着这片富饶的土地一天天荒芜下去，我要用我所学到的知识为这片土地妆点一缕新绿，增添一片生机。于是，偏僻的廖家林村多了一个戴着大学生桂冠的少女，她或在牛仔裤兜里插个手机奔走在故乡的山岭田埂上，或开车奔忙在往返宜昌、枝江与安福寺之间的高速公路上。她更像是盛夏季节里的那一道炫丽的彩虹，映照着故乡那层层叠叠的山峦。

艰难的选择

出生于 20 世纪 90 年代初的兰雅莉，一直生活在一个殷实富足的家庭，父亲从事建筑行业，收入不错，让她从小学到大学一直过着无忧无虑的生活。但她是一个聪慧、机敏的女孩子，还在上大学期间，就响应国家鼓励大学生创业的号召，创办了一家"育苗接辅中心"，利用课外时间辅导小学生学习，生意也还不错。她人生的转折点出现在 2014 年她即将大学毕业的那一年，兰雅莉的父亲预感到房地产市场已经达到了一个相对的高峰，继续从事建筑行业前景比较渺茫。此时正值国家鼓励发展新型农业经营主体，何不利用自家承包的近百亩山林发展肉牛养殖业？经过一段时间的考察调研和申报有关手续，一座现代化的肉牛养殖基地于 2014 年夏天建成了，牛舍及加工、办公区域占地面积 30 余亩，最大养殖规模达到了年出栏肉牛 500 头以上，宜昌雅鑫肉牛养殖专业合作社正式运营了。

直到运营起来以后，才发现有很多事情不是仅靠她的父母就能够做得下来的：肉牛优良品种的选择、填栏小牛的采购、养殖技术的学习掌握、饲料采购及贮备、外部市场调研等都让兰爸爸应接不暇，甚至近乎焦头烂额。于是父亲打起了让兰雅莉回家创业的主意。

兰雅莉说，当时自己真是流干了眼泪，怎么也想不明白，做得好好的建筑生意，为什么要选择回家养牛。但哭过之后，她又慢慢想通了，父母亲接受养殖技术较慢，面对纷繁复杂的市场行情难于驾驭，年幼的弟弟当时还在读初三，既然父母选择了肉牛养殖这条路，就是刀山火海自己也要回去闯一闯。就这样，这个好不容易走出了山村、并在武汉有了自己事业的女大学生、曾经是父母掌上明珠的小姑娘，又回到了生她养她的故乡。从此，偏远闭塞的廖家林村，又多了一个浑身上下散发着现代气息、立志做一个现代新型职业农民的"村姑"。

百倍的努力

回到故乡的兰雅莉，克服的第一个困难是寂寞的乡村生活。成天面对的是空旷的养殖场，难闻的气味，日出而作周而复始的枯燥生活，让她几次萌生了打退堂鼓的想法。但面对巨大的投入和养殖场的现状，这个孝顺乖巧的女孩一次又一次地选择了坚持。她把养殖场的日常管理交给了父母，自己承担了采购、销售、公关和养殖技术等一系列的工作重任。

为了扩大肉牛存栏，兰雅莉跑遍了宜昌周边的山山岭岭、找遍了大大小小的养牛户，终于在2014年年底完成了填栏近百头的初级目标，其中优良品种安格斯、西门塔尔等占30%以上，并为自繁自养打下了坚实的基础。

为了迅速学懂弄通肉牛养殖技术，兰雅莉上三峡职业技术学院学习、下武汉找省级专家求教。并于2015年年初参加了枝江市新型职业农民培训班学习，通过理论培训和外出参观考察，让她学到了实用的养殖技术，开阔了视野，树立了现代化的生产经营理念。也为她搭建了一个与业内人士联系、交流、学习的平台，让她能迅速地进入角色，在短期内实现了从一个外行到内行的转变。

为了尽早实现自产自销，创建自己的品牌，兰雅莉印制了专门的产品包装，利用微信朋友圈、QQ群、QQ空间推广自己的"雅鑫牛儿"品牌。同时她还积极与本地有关商场超市联系，争取合作事宜，目前已在夷陵区小溪塔等地设立了直销网点。几年来，凡有各种展销活动她都一定参加，哪怕白费工夫浪费油费亏本也要到场，一来为了扩大影响，二来为了能充分掌握市场行情。为了迅速抢占市场先机，凡是定购雅鑫牛肉的用户，她都做到送货上门。她说要让更多的消费者认识雅鑫牛肉，要把绿色健康的、无注水注胶问题的雅鑫健康牛肉送到千家万户的餐桌。这样每年进入11月以后，她总是披星戴月、早出晚归。用她自己一句风趣的话说："假如我没有在客户的家里，那就一定是在为客户送牛肉的路上。"

她的微信昵称是"骑牛看朝阳"，偶尔与她微信联系，她说的最多的话就是"我要做坚强的女汉子"。在最近的一次朋友圈里她发了这样一条消息："以后的路就算地上是刀尖，哪怕没有人帮我磨钝，我也会努力走过去……"

灿烂的未来

五年来，兰雅莉用她稚嫩的双肩，撑起了一座现代化肉牛养殖场的一片天空。从2015年出栏肉牛80头左右算起，截至目前，2018年度已累计出栏肉牛450余头，并通过开展直销活动，大大提高了产值效益，累计实现产值近350万元，产生了良好的经济效益。她规划在2020年以前，在资金允许的前提下，通过滚动发展，将年出栏规模提高到800头以上的水平。同时，养殖场常年聘用两名固定工作人员、每年流转饲料生产用地200亩左右（预计到2020年将达到800—1000亩），积极发展粮—经—饲综合增值利用，产生了较好的社会综合效益。

接下来，兰雅莉计划通过申请注册商标，扩大宜昌雅鑫肉牛养殖专业合作社的知名度，继续坚持走绿色、健康、优质服务的生产经营道路，为社会提供更多优质的健康牛肉，为现代农村集约化生产、规模化经营、综合利用现有资源、实现绿色环保与经济效益协调发展做出更大的贡献。

兰雅莉还计划对肉牛养殖产生的粪便进行综合利用，正开展蚯蚓养殖技术攻关，一来可以解决动物粪便无害化处理难题；二来可以增加经济效益，拓宽生产经营范围，确保主业与副业有机结合，筑牢抗御经济风险的堤防。

兰雅莉于2016年10月注册成立了宜昌雅态生态农业发展有限公司，计划利用靠近三峡机场和宜昌市区的优势，发展生态有机农业、观光休闲农业，探索一、三产业结合发展之路。

还有，还有……年轻的兰雅莉总是看得很远，想得更多，她说，她要在农村这片广阔的天地里干一番轰轰烈烈的事业。

五年来的返乡创业之路，让一个柔弱矜持的少女变身成一个行事风风火火、泼辣大方、有作为有担当的女强人。也让兰雅莉从一个返乡创业的女大学生、共青团员成长为一个新型职业农民、枝江市第六届人大代表、宜昌市2016年度新型职业农民创业标兵、枝江市牛羊产业协会副会长、枝江市女企业家协会秘书长。也渐渐培养出了兰雅莉心中的那缕"兼济天下"的济世情怀：要通过自己的切身体验，探索出一条适合新时期农村集约生产、规模经营的有效途径，为枝江乡村振兴尽自己的一份力、发自己的一分光。

（三）建设美丽乡村　共谱致富新曲[①]
——洪湖市新型职业农民陈友雄创业纪实

走进洪湖市汊河镇雄丰小龙虾养殖专业合作社，一块块整齐的虾稻田被水泥路面隔开，禾苗在微风的吹拂下左右摆动，周边的小水沟里小龙虾忽而窜起，忽而下沉，给人一种流连忘返、美不胜收的感觉，

---

① 执笔人：洪湖市农广校校长曾令智。

仿佛进入人间天堂。

雄丰小龙虾养殖专业合作社是由陈友雄带领众乡亲在2016年创办的，这几年雄丰合作社在陈友雄的带领下干得风生水起，他不仅自己获得了可观的经济收入，而且带领众乡亲走出了一条致富之路，谱写了一曲曲致富新曲。

爱故土，走上回乡创业路

图3 陈友雄

陈友雄，洪湖市汊河镇西池村人，1970年9月出生，1989年高中毕业后在汊河建筑公司从事预算、施工管理工作，1996年走出公司，在洪湖市内外从事建筑业务，做一个小包工头，渐渐积累了100多万元的财富。虽然自己过上了小康的生活，但是生他养他的家乡却仍然那样贫穷。有两件事对他影响很大，一是1998年自然灾害，汊河镇大量农田被淹，农民欲哭无泪；二是家乡的农民按传统的牛耕田、人工栽秧的传统的方式耕作，每年的收入仅能维持最基本的生活。他脑海里一直萦绕着一个问题："现在农业科技飞速发展，农业机械化水平不断提高，我能不能通过自己的努力，为乡亲们找出一样劳动强度又轻、又更加赚钱的农业发展道路？"

2014年，在农业专家的指引下，他在汊河镇西池村租借30亩地建了25个大棚培育秧苗，一年培育二季秧苗，一季用于再生稻、另一季用于中稻，栽插面积各1500亩，共3000亩，因为采用大棚软盘工厂化育秧，他育的秧苗整齐又健壮，适合机械栽插；他又买来了插秧机帮助农民栽插。当年，国家对大棚育秧有补贴，他育的秧苗以极低的价格卖给农民。乡亲们只增加很少的投入就获得了健壮的秧苗，同时，减少了大量的劳动强度，还发展了再生稻，每亩增收近千元。他也因此获得了20多万元的收入。一炮走红的陈友雄第二年将育秧规模扩大了一倍，发展到 50 个大棚，栽插面积 6000 亩，为汊河镇西池、双河等村农民提供秧苗。

靠科学，做大做强产业

陈友雄搞大棚育秧的收入虽然比原来做包工头要强一点，乡亲们也通过大棚育秧、发展再生稻增加了收入，但他并没有因此而满足，而是谋划更大的农业发展篇章。

2015 年，稻虾连作在洪湖市很走红，一般每亩扣除生产资料投入收入在 3000 元以上，高的达到每亩 6000—8000 元。甚至有大学生返乡创业在汊河沙嘴村承包 100 多亩水田发展稻—虾—鳖综合种养的事例。嗅觉灵敏的陈友雄发现了商机，2016 年 9 月在西池、双河村租借 513 亩地搞稻—虾—鳖、稻—虾—鳅综合种养。

但是搞稻田综合种养是一个技术性很强的活路，虾、鳖、鳅各自有不同的生活习性，它们与水稻混合种养，哪些农药可用、哪些农药不可用都是问题。为了少走弯路，陈友雄请来了水产专家王英雄、农技专家郑普兵和王万洪做技术顾问，并经常在田间地头观察，不断地寻找适合稻田综合种养的好方法。尽管如此，2017 年除了收回每亩 500 元的虾沟开挖成本和生产资料投资外，并未赚多少钱。

经过几年的折腾，陈友雄渐渐明白了一个道理，搞农业，里面的学问还真不少，只有靠科技才能走出一条致富之路。

陈友雄先后参加过国家农村实用人才带动人培训班，国家级和省级新型职业农民培育职业经理人培训班。他还主动安排合作社其他成员参加洪湖市内举办的水产养殖专业、农业机械维修与使用专业新型职业农民培训班。聘请华中农业大学教授曹凑贵等为技术顾问，制定稻田综合种养操作规范。由于他勤奋学习，勇于探索，劳动技能不断提高，收入也随之增加，2018 年稻田综合种养规模扩大到 2000 亩，扣除生产资料开支和用工成本，亩均纯收入近 2000 元。

讲奉献，带动众乡亲共同致富

近几年陈友雄的农业产业做得风生水起，小有成就。但他始终坚持走合作发展的道路，带领乡亲们共同致富。2014年，他创办雄丰水稻种植专业合作社，与几位志同道合的农民一起搞大棚工厂化育秧。2016年，根据生产发展需要又创办雄丰小龙虾养殖专业合作社，很多农民带田入社，共同发展稻田综合种养，2018年合作社规模达到2000亩，2019年吸纳286户社员入社，稻田综合种养规模达6000亩。在他的带动下，汊河镇沿沙甘、幸福、龙坑等村发展稻虾连作达10000多亩。

在合作社，陈友雄根据社员意愿民主决策、灵活管理，水稻种植专业合作社保留原有的管理模式，稻虾合作社513亩核心区由几位社员共同管理，实行统一提供种苗、饲料，统一操作规范，统一捕捞、统一销售。因是抱团发展，合作社购买的种子、种苗、饲料比别人低5%左右，小龙虾销售价格则高1—2元。

图4 雄丰小龙虾养殖专业合作社核心区

陈友雄在农业技术上大胆探索、不断创新，并将创新成果毫无保留地提供给社会，促进了洪湖市农业生产的发展和农业现代化水平的不断提高。他摸索的大棚工厂化育秧加上机插秧技术在汊河镇2018年推广规模达20000亩以上，他在专家的指导下制定的稻田综合种养操作规范在洪湖市大力推广，惠及千家万户。在雄丰合作社进行的稻虾连作水稻品种比较试验，筛选出几个适合稻虾连作品种组合，将作为湖北省推广稻虾连作的重要数据支持。

赚了钱的陈友雄时刻不忘家乡的发展，积极投入家乡的新农村建设和扶贫攻坚，2018 年，他投资 200 多万元为家乡修了水泥路，架了电线、安装了路灯，为汊河镇西池村、双河村栽了树，绿化了环境。他还通过土地流转、吸收贫困户打工、吸收贫困户贷款资金入股，用送米、送油、送钱等形式帮助家乡 28 位贫困户脱贫。

鱼龙跃西池，村在水一方。蜿蜒的黄金水道"内荆河"依然像从前那样静静流淌，轻轻诉说着它身边的创业人，陈友雄正阔步走在创业路上，用勤劳的双手描绘着新型职业农民科学发展的宏伟蓝图。

附录 5 专栏二：新型职业农民培育工作纪实

（一）打造现代农业发展的生力军[①]
——洪湖市新型职业农民培育工作纪实

2014 年开始，洪湖市着手培育新型职业农民，把一批优秀的农业企业、农民专业合作社、家庭农场负责人送到华中农业大学、长江大学、武汉生物职业学院、东西湖农广校等院校学习，另一些农业企业、农业专业化合作组织的负责人、骨干成员及一些专业技能型和专业服务型人才则留下来，组建班级进行在地培育。5 年共培育新型职业农民 2368 人，一大批有文化、懂技术、善经营、会管理的职业农民快速成长起来。

---

① 执笔人：洪湖市农广校曾令智。

以体系建设做保证

为保证新型职业农民培育工作顺利进行，洪湖市成立了洪湖市农业技术推广中心、洪湖市水产技术推广站、洪湖市农机推广站、洪湖市畜牧兽医推广站四家培育基地，创办了水都府农民田间学校，依托华贵水产、六合水产、春露合作联社、雄丰稻虾专业合作社等经营主体，建立实训基地12个，与武汉农科院、潜江小龙虾交易市场、监利福娃集团等科研院所和企业建立紧密联系，为学员提供市外研学和实训、实习机会。

以提高培育质量为抓手

"一学"，请专家教授、农民土专家讲解农业政策法规、素质礼仪、电商、农业技术和管理知识，提高学员的知识水平；

"二看"，把学员带到实训实习场所，由实训基地负责人实地介绍具体做法和经验，学员边听介绍边观摩，增加感性知识；

"三做"，由专家做示范演示，学员在专家的指导下学会某项操作技能；

"四讨论"，大家聚在一起互相交流，各自介绍自己在种（养）殖过程中的成功经验和失败教训，互相取长补短；

"五跟踪"，请专家进行入户指导，建立微信群、提供指导老师电话、发放技术资料等方式加强跟踪服务，进一步提高学员技术水平和解决实际问题的能力。

洪湖市正是通过这些理论与实践相结合的培训和后续的跟踪服务，使一些传统农民迅速成长为有知识有技能的新型职业农民，切实提高了他们的知识水平和从业能力，也使他们的收入有很大提高。螺山镇螺山村农民王四安稻虾综合种养田地面积37亩，2016年以前每年纯收入6万—7万元，2016年参加洪湖市农业技术推广中心组织的新型职业农民培训后，每年纯收入达30多万元。

以示范样板来引领

"参加新型职业农民培育后我知识更丰富了、眼光更远大了、底气更足了,我不能满足于现状,要扩大生产规模,并且带动周边农户共同致富。"洪湖市2017级学员、螺山镇螺山村村主任李么青提起新型职业农民培育就感到高兴和自豪。

洪湖市新型职业农民培育的一个亮点是注重选才,优先选取有一定的产业规模,在某一行业有一定发展前途,并有奉献精神的同志参加培育,这些人学了以后马上能用,用了以后能取得可观的经济收入,周边群众看到他们赚了钱后纷纷向他们学习取经,这样每个学员都成了一粒种子,向周边传播先进的技术和管理经验,如李么青2017年小龙虾苗种繁育规模为129亩,2017年年底参加新型职业农民培训后,2019年小龙虾苗种繁育规模扩大到320亩,带动螺山村农民小龙虾苗种繁育规模达1200亩。

通过当地政府的引导,新型职业农民示范带动引领,近几年洪湖市出现了一批特色乡村,如河蟹养殖特色乡镇滨湖办事处、小港管理区;小龙虾养殖特色乡镇螺山镇、黄家口镇、瞿家湾镇、黄家口镇;再生稻特色乡镇沙口镇;稻虾综合种养特色村螺山镇螺山村、新建村,黄家口镇姚河村、瞿家湾镇瞿家湾村;再生稻特色村沙口镇董口村、黄家口镇新坑村;菊花种植特色村黄家口镇新建村;葡萄种植特色村大同湖管理区龙船河办事处。

(二)服务主导产业,创新培训方式,全力培育乡村振兴人才"主力军"[①]

——枝江市新型职业农民培育工作纪实

乡村振兴,离不开人才支撑。培育新型职业农民是破解乡村人才缺失的重要举措。近年来,枝江市把培育新型职业农民作为强化现代农业人才支撑、增强农村发展活力、促进农业增效、农民增收的重要

---

① 执笔人:枝江市农广校校长淡育红。

抓手，紧扣全市六大主导产业，创新培训方式，培育了一大批实力强、能引领的乡村振兴人才"主力军"。截至目前，共计培育新型职业农民2404人，认定职业农民304人，24名新型职业农民被评为"农艺师"。枝江市新型职业农民培育工作得到了各级领导的肯定，并连续4年被省农广校评为先进单位。通过对农业龙头企业负责人、专业合作社负责人、家庭农场、种养大户及返乡人员等的培育，涌现了一大批产业发展领路人，郑金国、李开梅、陈桂林就是其中的代表。

服务主导产业　引领产业转型升级

柑橘是枝江市的六大主导产业之一。几年前，枝江柑橘产业呈现品种不优、品质退化、品种结构单一、经营分散、比较效益低下等现实困境，出现柑橘"卖难"的市场瓶颈。针对这一现状，市委、市政府审时度势、因势利导，正确分析产业发展现状，认清柑橘市场形势，顺应市场需要，把柑橘品种结构改良作为推进柑橘产业发展的主攻方向。为配合全市柑橘的品改工作，全市共举办了7期柑橘专业培训班。

图1　"春见"高接换种示范园

"春见"在双联柑橘专业合作社的引种成功，不只是它本身品质的奇特，也归功于双联合作社理事长郑金国敢于尝试的决心和永不服输的精神，更是枝江市新型职业农民培育的结果。

　　2015年郑金国合作社的280亩南丰蜜橘面临巨大危机，因人工不好请，柑橘卖价不高，本是大年只卖了43万斤，11万元，红红的果子大部分掉在地上，平日里坚强的他哭了。2015年年底，他参加了市农广校组织的新型职业农民培育柑橘专业班的培训，在培训中他认真学习，向专业老师虚心请教。2016年春，他做了一个惊人举动，将原来的280亩南丰蜜橘品种全部高接换种成了"春见"品种。当时周围人嘲笑他，不理解他，认为他傻。他为了能种好"春见"，按照市农业局果树专家提出的"当年高换、二年恢复树冠、三年收回成本"品改思路，大力投入柑橘品改资金近50万元。在市农业局技术人员精心指导下，他改良的新品种"春见"目前长势喜人，成功闯出了一条"柑橘品改转型升级"之路。郑金国自豪地对我们说："我品改投入的费用估计三年可以全部回本。现在正在打造乡村观光旅游，通过田间采摘，可以增加效益。由衷感谢曾经带我起步飞翔的新型职业农民培育工程所有恩师对我的培养，给我指明了品改致富之路，我愿当全市柑橘供给侧结构性改革的领头雁，带领周边农民共同进步，让大家一起富起来。"

创新培训方式　创建农民田间学校

　　创建农民田间学校，是枝江市新型职业农民培育的一大创新。依托农业专业合作社，开展就地就近培训，既贴近实际又注重培训实效，提高了学员的动手能力。几年来，全市共创建了3所省级农民田间学校，2所地市级农民田间学校，接受本地和外地到农民田间学校观摩培训学员近2万多人次。枝江市信达农业专业合作社农民田间学校是全市3所省级农民田间学校之一。

　　枝江市信达农业专业合作社农民田间学校于2016年9月正式挂牌成立，主要从事农业种植新技术推广、农作物病虫害综合防控、农机作业

图 2 枝江市信达农业专业合作社农民田间学校

及农业机械维修、农产品烘干、加工销售等方面培训。学校占地面积15亩，有100平方米的标准化教室，能容纳上百人培训；配套桌椅60套、电脑1台、投影机1台、音响、话筒、白板等硬件设施；成立了教学组织机构、完善各项规章制度并上墙，特聘请12位优秀农业技术专家为学校的老师；实习实训基地8个，其中3千亩绿色水稻标准化示范基地1个，粮食全自动烘干基地1个；农作物病虫害综合防控基地6个；拥有各类农业机械设备达400多台（套），其中大型机械50余台（套），机防队员40余名，管理农田15000余亩。同时还建立短信服务平台（1065752），全国统一服务热线400—6060476及枝江三农网（www.zj3nw.com），根据不同的时节和不同的作物，及时发送病虫害发生预测信息和防治方法，全国统一服务热线全天候为农民开放，帮助农民提早做好相关准备、适时进行防治，以减少不必要的损失。学校从成立以来，共举办培训50余场次，培训农民和技术骨干8000余人次，其中2016年还承担国家新型职业农民培育项目,培育新型职业农民50人,辐射带动了3000余户农民学科学用科学,取得了良好的社会效益和经济效益。

枝江市信达农业专业合作社在开办农民田间学校的同时,自身建设也得到了很大发展,合作社打造了"四季安"绿色产品自有品牌,通过了国家"绿色食品"认证,并获得了"第十五届中国绿色食品博览会"金奖及"宜昌市知名商标"荣誉;田间学校校长李开梅也先后荣获枝江市"巾帼建功"能手、宜昌市"巾帼创业"模范,农业部"全国种粮大户",湖北省劳动模范等光荣称号。

实施结对帮扶　助推特色产业扶贫

通过4年多新型职业农民培育工程的实施,全市培育了一支有文化、懂技术、会经营、善管理的新型职业农民队伍,他们是脱贫攻坚、乡村振兴的"主力军"。在全市脱贫攻坚工作中,鼓励农业龙头企业、专业合作社、家庭农场、种养大户、职业农民与贫困户结对子,目前全市已有1300名新型职业农民和1500户贫困户结对发展。

图3　陈桂林带领贫困户现场学习肉牛养殖技术

枝江市联强合作社理事长陈桂林，自从2017年参加新型职业农民培育肉牛养殖培训班后，为切实推进畜牧业供给侧结构性改革，开发培育高端、绿色、健康肉牛市场，带动周边农户，特别是贫困户一起致富，他决定自己带头新建一所现代肉牛养殖场，集种、养、加、销、游、网的一、二、三产业融合循环发展、绿色健康发展的全新模式。新建了可容纳500头牛的养牛场，占地面积3000平方米，吸纳社员60多户，其中贫困户10户，和社员签订了产、供、销服务，还以高于市场价每斤2毛的价格回收肉牛，帮助资金困难社员和贫困户申办政府扶持资金——贴息贷款，20户贴息贷款300多万元已落实到位，10多户正在办理中。截至2019年上半年，合作社社员共养肉牛1千多头，2019年年底预计出栏200头，为社员创造纯收入60万元。有了陈桂林的技术支持、政府资金扶持，贫困户已踏上了致富路。

新型职业农民培育工程是一项系统工程，需要久久为功，常抓不懈。还须不断加强师资队伍建设，优化培训方式，建立长效跟踪服务机制，完善相关管理制度，把新型职业农民变成现代农业的"田秀才""土专家"，使他们成为枝江市现代农业发展的"主力军"，成为枝江市乡村振兴人才支柱。

后　记

　　本书是在笔者主持的国家社科基金一般项目"新常态下新型职业农民培育机制与政策研究"成果基础上进一步充实完善而成的，也是笔者近些年长期学习、思考和探索的一个总结。

　　2012 年中央一号文件就已提出，大力培育新型职业农民。之所以要大力培育新型职业农民，是因为新型职业农民是经济新常态下实现乡村振兴、发展现代农业的重要主体，直接影响着传统农业向现代农业转型的进程，培育新型职业农民对于加快推进农业现代化、推动农村经济社会发展具有重要意义。

　　在承担项目研究的三年多时间里，笔者与课题组成员先后赴全国 7 个省（区）进行了实地考察与调研，获得了大量的第一手数据资料，在此基础上对新型职业农民培育现状、问题、影响因素、国际经验、机制及政策等问题进行了深入研究，形成了研究报告。之后，在 5 名匿名结项评审专家的反馈意见基础上进行了进一步的完善和补充，最终形成了本书。

　　本书的思想吸收和借鉴了国内外农业经济学界诸多学者的研究成果，不少内容融合了很多领导和专家的真知灼见。在此，对所有相关学者表示感谢！对研究过程中给予帮助的专家、领导表示感谢！特别要感谢浙江大学陆文聪教授，他为本书的完成提供了许多智慧与指导。

感谢课题组成员汪发元教授、刘玉成副教授、张明如副教授、李红副教授、叶星老师和陈芳同学的辛勤付出。

感谢为课题调研提供帮助的领导、专家、长江大学校友和我的朋友，由于人员众多，在此不一一列出。感谢为课题整理数据资料与校对的研究生同学。感谢在研究过程中提供帮助的许泱副教授、孔令成博士。

同时，感谢全国哲学社会科学工作办公室对本书出版的支持。特别感谢中国社会科学出版社编辑王曦老师的认真校对和细致的工作。

本书可供理论与实践工作者参考，可供硕士、博士和新时代农民阅读和学习。

希望本书的出版，能够提升社会各界对新型职业农民培育工作的重视，相关理论研究成果越来越丰富，新型职业农民的市场化培育工作更进一步，新型职业农民能够在乡村振兴的大舞台上发光发热。

徐　辉

二〇一九年八月于古城荆州